Albtraum Erziehungsheim

Dietmar Krone

Albtraum Erziehungsheim

Die Geschichte einer Jugend

Engelsdorfer Verlag
2007

Bibliografische Information durch
Die Deutsche Bibliothek:
Die Deutsche Bibliothek verzeichnet diese
Publikation in der Deutschen Nationalbibliografie;
detaillierte bibliografische Daten sind im Internet
über http://dnb.ddb.de abrufbar.

Sämtliche Namen sowie etliche
Ortsnamen wurden geändert!

ISBN 978-3-86703-323-7

Hergestellt in Leipzig, Germany (EU)
www.engelsdorfer-verlag.de

10,00 Euro (D)

Bei Großmutter ca. 1956

Prolog

Mein Buch soll eine Ermahnung an alle zukünftigen Eltern, Erzieher und Pädagogen sein. Sie sollen nicht die Fehler begehen, die in der Vergangenheit einst ihre Vorgänger gemacht haben.
Ich möchte von den Erlebnissen aus meiner geraubten Jugendzeit berichten. Ich möchte davon berichten, als ich als dreizehnjähriges Kind ohne ersichtliche Gründe, in eine geschlossene Erziehungsanstalt gesteckt wurde, und dort in der tiefsten Hölle landete.
Ich will über die schlimmen Verbrechen gegen die Menschlichkeit berichten.
Ich will berichten, wie ich und viele andere Kinder dort misshandelt und gedemütigt wurden.
Ich will darüber berichten, wie wir geprügelt und tagelang bei völliger Dunkelheit, bei Wasser und trockenem Brot, eingesperrt wurden.
Ich will auch Zeugnis darüber ablegen, welche Folgen der Heimaufenthalt, für das spätere Leben hat.
Statt den Schutzbefohlenen Kindern ein würdiges Heim und Geborgenheit zu geben, wurden viele Kinder oft Opfer schwerster Misshandlungen an Leib und Seele.
Statt den Kindern einen sicheren Weg zu bahnen, sie auf das Leben vorzubereiten, wurden sie zumeist als billige Arbeitskräfte für das Wohl der Heimbetreiber ausgenutzt. Der Lohn für die erpresste und erzwungene Kinderarbeit, war oftmals die Peitsche, oder andere, unmenschliche Züchtigungsmethoden. Hier wurde das Kind als Ge-

brauchsgegenstand benutzt, als billigstes Arbeitstier.
Eine vorschnelle Unterschrift in Behörden und Ämtern, haben unschuldigen Kindern die schönste Zeit, ihre Jugendzeit, geraubt. Ohne gewissenhafte Überprüfung, wurden in den Ämtern oft Denunzianten, moralpredigenden Fürsorgeschwestern und anderen Intriganten mehr Glauben geschenkt, als einem unschuldigen Kind.
Der zarte Faden Jugendzeit wurde abgeschnitten, und an das eiserne Band von Willkür und lebendigem Begraben sein, angeknüpft.
Hohe Mauern, Stacheldraht, verschlossene Türen und Tore. Ausgeliefert an lieblose und brutale Erzieher, die oft keine pädagogische Ausbildung hatten, und nicht das geringste Verständnis für Kinder besaßen. Sie zerstörten die jungen Geschöpfe bis auf den Grund ihrer Seele.
Wer in einer solchen Fürsorgehölle für Jahre eingesperrt war, ist für sein weiteres Leben schwer gezeichnet und traumatisiert.
Ich möchte mit meinem Buch und mit meinen Lesungen dazu beitragen, dass so etwas nie wieder geschieht. Kinder sind unsere zukünftige Gesellschaft, daher müssen wir sorgfältig mit ihnen umgehen.

Dietmar Krone

Frühe Kindheit und Jugend

Es war im Jahr 1954, als ich einen Monat zu früh das Licht der Welt in Remscheid Lennep erblickte. Als meine Mutter heftige Wehen bekam, wurde sie von einer Nachbarin in das kleine Krankenhaus der Stadt gebracht. Es gab damals keine Taxen in diesem kleinen Ort, und es fuhren auch keine Autobusse.

Mein Vater konnte meiner Mutter nicht helfen, da er wieder einmal volltrunken war. Ein paar Stunden später, brachte mich meine Mutter zur Welt. Es war der 10. Mai 1954, um 5.35.
Mein Vater kam am nächsten Morgen – wieder völlig betrunken – ins Krankenhaus, was meine Mutter sehr verletzt hat. Er wollte mich sehen, aber das wurde ihm verweigert. Ich lag im Brutkasten, und die Ärzte wussten noch nicht, ob sie mein kleines Leben erhalten konnten. Es war damals noch sehr schwer, einem Achtmonatskind das Leben zu erhalten.
Mein Vater wollte meinen Namen bestimmen. Er wollte, dass ich Thorsten genannt werde. Meine Mutter wollte mich aber Dietmar nennen. Der Streit war so laut, dass eine Krankenschwester meinen Vater aufforderte, das Krankenzimmer sofort zu verlassen. Sie schimpfte mit ihm. Er sollte sich schämen, in einem solchen Zustand hier anzukommen. Mein Vater suchte dann seine Stammkneipe auf und feierte meine Geburt. Nach einer Woche wurde meine Mutter aus dem Krankenhaus

entlassen. Ich musste weiter im Brutkasten heranwachsen.

Unerwünscht

Über meine Geburt war weder meine Mutter, noch mein Vater begeistert. Ich war eben passiert, ein peinlicher Unfall. Für Verhütungsmittel war anscheinend kein Geld da, wohl aber für Alkohol. Meine Mutter erzählte mir oft mit einem hasserfülltem Gesicht, dass sie mehrfach versuchte, mich abzutreiben.

In der Altstadt wohnte eine Engelmacherin, die mit einer Saugglocke, Stricknadeln oder Seifenlauge versuchte, mein kleines Leben auszulöschen. Die Ehe meiner Eltern war schon seit langer Zeit gescheitert, und nun auch noch ein Kind.

Meine Mutter wurde auch oft von meinem Vater geschlagen, wenn er mal wieder völlig betrunken war. Meine Mutter flüchtete dann mit mir zu ihrer Mutter, die in der Altstadt wohnte.

Oft blieb ich als Kleinkind mehrere Wochen bei meiner Großmutter. Meine Mutter kam nur ab und zu vorbei, damit sie mich stillen konnte. Das hat zu Entwicklungsstörungen geführt. Als ich ungefähr elf Monate alt war, bekam ich eine doppelseitige Lungenentzündung, und musste wieder ins Krankenhaus. Es war wieder eine lebensbedrohliche Situation, zumal ich durch die Benutzung einer unsterilen Spritze auch noch zusätzlich eine Bauchhöhlenvereiterung bekam. Nur durch eine sofortige

Notoperation konnte ich gerettet werden. Eine Nachbarin erzählte mir viele Jahre später, dass das Fenster im Schlafzimmer oft weit offen stand und ich den ganzen Tag geschrien habe. Es war eiskalter Winter, und die Nachbarin hat meine Mutter mehrfach darauf aufmerksam gemacht, dass sie das Fenster schließen soll, denn ich könnte eine Lungenentzündung bekommen. Vermutlich war das Absicht und die beste und unauffälligste Art, sich meiner zu entledigen. Die Kindersterblichkeit in den frühen fünfziger Jahren war ohnehin noch sehr hoch, und es wäre auch nicht weiter aufgefallen.

Da mein Vater regelmäßig seinen Wochenlohn in einer Kneipe ließ, musste meine Mutter in verschiedenen Haushalten putzen gehen. Mein Vater ging während dessen in die Kneipe. Da man mich zu Hause noch nicht alleine lassen konnte, nahm er mich mit in seine Stammkneipe. Es ist mehrfach vorgekommen, dass mein Vater mich dann einfach im Suff – vergessen – hatte. Fremde Leute haben mich dann nach Hause gebracht.

Das Knusperhaus

Ich erinnere mich noch an ein älteres Ehepaar, die wohnten in der Kölner Strasse. Die waren immer sehr lieb zu mir, und ich bekam öfters etwas Leckeres zugesteckt, manchmal auch ein paar Groschen. Ich war ungefähr 4 oder 5 Jahre alt.

Von diesen freundlichen Menschen bekam ich zu Weihnachten ein schönes Knusperhaus geschenkt. Das war eine unsägliche Freude für mich, denn es war nie Geld da, für mich ein Spielzeug zu kaufen oder mir eine Freude zu machen.

Die Figuren des Knusperhäuschens waren aus Marzipan und das ganze Häuschen mit vielen Leckereien beklebt. Der Zaun war aus Zuckerguss und das Dach mit Schokolinsen beklebt. Vor dem Knusperhaus stand ein kleines Reh aus Marzipan, das fand ich ganz besonders schön. Als ich von einem längerem Aufenthalt bei meiner Großmutter zurückkam, waren sämtliche Figuren verschwunden Es waren nur noch Bruchstücke des Häuschens übrig. Mein Vater hatte alles aufgegessen. Das hat mir einen sehr großen Schmerz zugefügt, und ich habe bitterlich geweint. Mein Vater, der wieder betrunken war, wurde darauf hin aggressiv und versetzte mir eine Ohrfeige. Der Rest vom Knusperhaus flog gegen die Wand. Aus der Traum.

Dieses Erlebnis, werde ich nie vergessen. Als ich in Berlin war, habe ich mir zur Weihnachtszeit öfters ein schönes Knusperhaus gekauft. Daran habe ich sehr viel Freunde gehabt, und das hat mir keiner zerstört.

Oben in der Kölner Strasse gab es ein kleines Lebensmittelgeschäft. Damals äußerte man seine Wünsche noch vor der Ladentheke und die Inhaberin, Frau Beckmann, kramte alles aus den Regalen hervor. Am Ersten des Monats wurde dann meistens die Rechnung bezahlt. Manchmal

haben wir auch einige Zeit gehungert, weil am Monatsanfang schon kein Geld mehr da war, um die Rechnung zu bezahlen. Mein Vater hatte das so dringend benötigte Geld in der Kneipe gelassen.
Es war eine schlimme Zeit. Ich habe unter der Trunksucht meines Vaters sehr leiden müssen. Oft hat uns dann meine Großmutter etwas von ihrer kleinen Rente abgegeben, damit meine Mutter etwas zu essen kaufen konnte.

Schlechte Ernährung

Ich erinnere mich daran, dass es für mich immer nur Haferflocken mit Kakao und Zucker vermischt, zu essen gab. Das Zeug wurde im Mund immer mehr. Zu trinken gab es ausschließlich Leitungswasser oder alten Kaffee, der vom Morgen übrig war.
Rübenkraut, Marmelade und Streichkäse, waren jahrelang an der Tagesordnung. Ich kann mich nicht daran erinnern, dass meine Mutter einmal richtiges Essen gekocht hat, es gab meistens nur Fertiggerichte aus der Dose.

Zum Geburtstag bekam ich jedes Jahr eine kleine Flasche Himbeersirup und fünfzig bunte Lakritzstäbchen, die Herr Beckmann sorgfältig einzeln aus dem großen Glas abzählte. Verzählte er sich, schüttete er alles wieder ins Glas zurück und begann von neuem. Er konnte schlecht rechnen, darum verschwand er in die Küche und rechnete alles auf einem Zettel aus. Dann kam er wieder in den Laden und tat so, als könnte er ganz schnell alles zusammenrechnen. Als wieder einmal die Lebensmittelrechnung längst fällig war, schickte mich meine Mutter mit einem großen Einkaufszettel dorthin, aber Beckmann warf mich raus. Ich sollte meiner Mutter ausrichten, sie soll erst die längst fällige Rechnung bezahlen, dann gäbe es neue Lebensmittel.

Gebrauchsobjekt Kind

Ich wurde oft in Geschäfte geschickt und musste ausrichten, dass meine Mutter später bezahlt. Das war mir immer sehr peinlich und unangenehm, weil die Inhaber so unfreundlich zu mir waren. Ich erinnere mich noch ganz genau an einen Geschäftsmann in Remscheid, der in der unteren Alleestraße eine Kreditvermittlung hatte. Ich musste dort hingehen und um Zahlungsaufschub bitten. Der Mann saß an einem Schreibtisch und wirkte auf mich sehr bedrohlich, weil er sehr unfreundlich und aggressiv war. Er war ein dicker fetter Typ mit einer Zigarre im Mundwinkel. Er sah aus wie ein Mettwurstfabrikant, der sein dreißigjähriges Firmenjubiläum hinter sich hatte. Ich sollte meiner Mutter ausrichten, dass er mit einer Pistole kommen würde, wenn sie nicht nächsten Monat die fälligen Raten bezahlt. Ich hatte schreckliche Angst und habe ganz schnell den Laden verlassen. Damals

war ich ungefähr sieben Jahre alt, und habe das geglaubt.
In der Stadt gab es ein Möbelgeschäft. Der Inhaber hat meiner Mutter immer Honig um den Mund geschmiert und ihr verlogene Komplimente gemacht, damit sie Möbel bei ihm kauft. Obwohl wir kaum etwas zu essen hatten, kaufte meine Mutter dort eine Polstergarnitur und einen Wohnzimmerschrank auf Abzahlung. Bei der Lieferung stellte sich heraus, dass der Schrank von der Höhe her gar nicht in das Zimmer passte. Der Händler hat den Schrank nicht zurückgenommen, der Schrank wurde nun ohne den Schrankkranz (obere Leiste) aufgestellt.
Die gesamte Nachbarschaft hat sich gewundert und die Welt nicht mehr verstanden. Die haben nichts zu essen, tuschelte man hinter vorgehaltener Hand, aber es werden neue Möbel gekauft.
Meine Mutter war nun mal so, sie konnte einfach nicht wirtschaften. Wenn sie ein Brot kaufen wollte, kam sie mit einer Stehlampe wieder. Das ist wirklich so passiert. Die Lampe konnte sie in der Wohnung nicht einmal anschließen, da der Stecker nicht in die veraltete Steckdose passte. Nun ließ sie ihre Wut an mir aus. Ich musste die Kappe der Steckdose abschrauben, damit der Stecker angeschlossen werden konnte. An diesem Beispiel erkennt man wieder einmal ihre Verantwortungslosigkeit, denn ein achtjähriges Kind hat an einer Steckdose nichts verloren. Wie leicht, hätte da etwas passieren können.

Wir wohnten in einem alten, völlig heruntergewirtschaftetem Haus. In diesem Haus gab es keine Zentralheizung, kein warmes Wasser, kein Bad. Die Toilette (wenn man diese so nennen möchte), war eine Etage tiefer, und im Winter meistens zugefroren. Das Haus diente früher einmal als Lagerhaus.

Um Remscheid und Lennep herum, wurden in großer Zahl Neubauwohnungen errichtet. Hätte meine Mutter einen Wohnungsantrag gestellt, hätten wir bestimmt eine bessere Wohnung bekommen, und es wäre uns allen besser gegangen.

Sonntags klingelte regelmäßig der Kohlenhändler, und wollte sein Geld haben, das ihm schon seit Wochen versprochen wurde. Meine Mutter reagierte nicht auf sein klingeln und klopfen. Unserem Hund, musste ich immer die Schnauze zuhalten, damit er nicht bellt. Oft aber musste ich dann an die Türe gehen und ihm vorlügen, dass meine Mutter nicht zu Hause sei, was er mir nicht glaubte. Einmal hat er mich einfach zur Seite geschubst, ist die Treppe hinauf gegangen, und hat meine Mutter zur Rede gestellt. Ich stand wieder einmal als Lügner da. Weil die Rechnung oft nicht bezahlt wurde, haben wir im Winter oft im kalten gesessen, oder ich musste in der Nachbarschaft um Kohlen oder Briketts betteln gehen. Meine Mutter war zu fein dazu, dafür gab es mich ja. Wenn du fressen willst, kannst du auch was dafür tun, das war ein häufiger Spruch von meiner Mutter. Ich habe mich sehr geschämt und oftmals hat man mir die Türe vor der Nase zugeworfen. Kam ich dann ohne

Brennstoff nach Hause, gab es mächtigen Ärger oder sogar Prügel. Oft musste ich dann in den Wald gehen und Brennholz suchen. Es war für mich eine grauenhafte Zeit, ich habe sehr unter der Misswirtschaft meiner Eltern leiden müssen.

Trautes Heim – Glück allein

Im Nebenhaus wohnte eine alte Frau, die war von den Zeugen Jehovas. Meine Mutter hat mich sehr oft da hin geschickt, um die verschiedensten Dinge zu borgen, denn die Frau war sehr hilfsbereit. Bevor sie etwas gab, musste ich mir lange Geschichten aus der Bibel anhören. Sie hatte ein geduldiges und abhängiges Opfer in mir gefunden. Zu Hause wartete meine Mutter schon auf mich und ich musste erklären, wo ich so lange war. Geh mal, hol mal, lauf mal, mach mal, tu mal. Das waren die häufigsten Worte meiner Mutter. Sie selbst saß auf der neuen Polstergarnitur und war mit schöneren Dingen beschäftigt. Entweder mit dem blondieren ihrer Haare oder mit ihren Fingernägeln. Kochen war für sie ein Fremdwort, und die Hausarbeit war ohnehin meine Aufgabe. War ich mit der vielen Arbeit fertig, bekam ich stets Verbesserungsvorschläge, wie ich das in Zukunft besser machen könnte. Um die Wäsche hat sie sich auch nicht gekümmert. Ich bin oft mit schmutzigen Sachen herumgelaufen.

Im Nachbarhaus war eine Gemeinschaftswaschküche die schon lange nicht mehr benutzt wurde. Die meisten Nachbarn hatten schon eine Waschmaschine. In der alten Waschküche stand ein gemauerter Waschkessel, der mit Holz und Kohlen angeheizt werden musste. Wie oft ich da unten Wäsche gewaschen habe, weiß ich heute nicht mehr. In der finsteren Waschküche hatte ich mich vor den Ratten gefürchtet, die sich dort überall eingenistet hatten. Da der alte Waschkessel schon lange Zeit nicht mehr benutzt wurde, hatten sich die Ratten dort im Feuerraum eingenistet.

Viele Hausbewohner haben sich darüber aufgeregt, dass ich als kleiner Junge solche Arbeit machen musste. Ich konnte als kleines Kind noch nicht alles wissen, und oftmals waren einige Wäschestücke nicht sauber geworden, da für den großen Waschkessel zu wenig Waschpulver vorhanden war. Das brachte dann wieder Ärger mit sich.
Eine Waschmaschine, die meine Mutter spontan auf Ratenzahlung gekauft hatte, wurde einige Zeit später wieder abgeholt, weil die Maschine gar nicht angeschlossen werden konnte. Die elektrische Leitung war zu schwach und die Sicherung sprang ständig heraus. Der Sicherungskasten war im Nebenhaus.

Der Gerichtsvollzieher

Überall hat sie sich bereden lassen, und wieder auf Ratenzahlung gekauft. Bereits kurze Zeit später hat man die auf Raten gekauften Sachen dann meist wieder abgeholt, oder der Gerichtsvollzieher stand vor der Türe.
Fast jeden Tag waren bitterböse Mahnungen im Briefkasten, die meine Mutter einfach ignorierte.
Als der Gerichtsvollzieher sich angemeldet hatte, hat sich meine Mutter einfach verdrückt, denn ich war ja zu Hause. Als kleiner Junge musste ich erleben, wie ein fremder Mann alle Schränke durchsuchte, mir peinliche Fragen stellte und kleine Aufkleberchen an die Möbel klebte. Ich habe große Angst vor diesem Mann gehabt, weil ich dachte, er

nimmt mir meinen Teddybär weg. Erst am späten Abend, kam meine Mutter zurück. Diese Situation werde ich nie vergessen. Ich habe jedoch daraus gelernt, niemals etwas zu kaufen, wenn das Geld nicht vorhanden ist.
In der Nachbarschaft waren wir zum Gespött geworden. Ich habe das deutlich zu spüren bekommen.
Die Kinder in der Nachbarschaft wollten mit mir nicht spielen, keiner wollte mit mir etwas zu tun haben. Oft wurde ich von anderen Kindern beschimpft und verprügelt, nur weil ich arm war. Sie machten sich über meine kaputten Schuhe lustig sowie über meine abgetragene und schmutzige Kleidung. Einige Kinder beschimpften mich als armes Lumpenkind.

Gegen Ende des Jahres war Martinssingen. Alle Kinder zogen dann mit bunten Papierlaternen durch die dunklen Straßen und haben Lieder gesungen. Eine kleine Papierlaterne gab es damals schon für dreißig Pfennig, aber die drei Groschen waren für mich nicht übrig. Der Spott der anderen Kinder hat mir sehr wehgetan. Ich stand am Straßenrand und schaute traurig zu.

Nach der Schule arbeiten

Die Raten für die völlig überflüssigen Möbel wurden auch nicht regelmäßig bezahlt. Ich musste nach der Schule, die Schaufensterscheiben des Möbelgeschäftes putzen. Ich war damals ungefähr zehn Jahre alt. Das war eine sehr schwere Arbeit. Vierzehn Schaufenster musste ich fast jeden Tag putzen. Außerdem musste ich Möbel aufbauen, Möbel mit ausliefern und das Lager aufräumen. Das Personal war sehr unfreundlich zu mir und machten ständig dumme Bemerkungen über meine Mutter. Man müsste ihr das Kind wegnehmen, sie wäre keine Mutter. Die Arbeit in diesem Laden war ein echter Knochenjob, und ich hatte durch die schlechte Ernährung nur wenig Kraft. Alle Mitarbeiter konnten sich in der Kantine ein warmes Mittagessen leisten, ich konnte das nicht. Wenn in der Mittagspause alle in der Kantine aßen, habe ich mich meistens irgendwo im Lager verdrückt, weil das so wehgetan hat und ich mich geschämt habe, weil ich kein Geld für das Essen hatte. Ich hatte doch auch Hunger. Manchmal hat einer etwas von seinem Essen übrig gelassen, oder mochte das Essen nicht, dann habe ich das bekommen.

Es war harter Winter und ich musste dort immer noch arbeiten, und selbst bei frostigen Temperaturen Fenster putzen. Die Winter im Bergischen Land sind oft sehr streng. Es waren Minustemperaturen und der Lederlappen war an der Fensterscheibe festgefroren, und ich bekam das Leder nicht mehr von der Scheibe ab. Meine Finger waren blau gefroren. Die Frau des Inhabers wurde wütend und meinte, dass ich einen Schuss Spiritus ins Wasser machen sollte, dann würde das Wasser nicht einfrieren. Den Lederlappen wird sie mir vom Lohn abziehen.

Der Zusammenbruch

Nach einigen Monaten bin ich dann bei der Arbeit zusammengebrochen, und man brachte mich in eine Klinik. Als die Ärzte mich dort untersuchten stellten sie fest, dass ich bereits in meinen jungen Jahren in einem völlig erschöpften Allgemeinzustand war. Ausgemergelt und unterernährt. Die Ärzte haben mich dann in eine Nervenklinik verlegt, wo ich mehrere Monate verbrachte. Ich hatte niemanden, der mir zur Seite stand. Ich fühlte mich krank, einsam und verlassen. Es war eine furchtbare Zeit. Ich wurde eingesperrt und war mit geistig behinderten zusammen. Ich bekam dreimal am Tag mehrere Tabletten, ohne zu wissen, was das für Medikamente waren. Als ich mich einmal weigerte die Medikamente einzunehmen, hat man mir die Hände auf den Rücken gedreht, die Nase zu gehalten und mir die Medikamente mit Gewalt eingeflößt. So ging man mit anderen Patienten auch um. Ich kann mich an grauenhafte Szenen erinnern. Ich war der jüngste Patient auf dieser Station, gerade mal knapp 12 Jahre alt.

Meine Mutter hat sich während der gesamten Zeit nie sehen lassen. Sie schickte fremde Leute, um mir ein paar Anziehsachen zu bringen, die in einem entsetzlichen Zustand waren. Ich besaß keinen Pfennig Geld und konnte mir während der ganzen Zeit nichts kaufen. Ich hatte nicht einmal mein eigenes Waschzeug.

An einem Sonntag bekam ich Besuch von einem Verkäufer aus dem Möbelgeschäft. Er brachte mir Genesungswünsche vom Chef und zwei Apfelsinen. Er hatte es sehr eilig und war nach ein paar Minuten wieder verschwunden. Bevor er ging fragte er mich noch, wann ich denn wieder arbeiten käme.

Die Fürsorge wird aufmerksam

Die Fürsorge schaltete sich ein und wollte näheres von mir erfahren. Das Gespräch fand im Beisein des Arztes statt. Es sei nicht normal, dass ein Kind mit knapp 12 Jahren in der Nervenklinik landet. Ich erzählte dem Mann, wie sich alles zugetragen hatte. Ich berichtete ihm, dass ich in diesem Möbelgeschäft so schwer arbeiten musste, so ausgenutzt wurde. Daraufhin hat ein Mitarbeiter des Jugendamtes mit dem Geschäftsinhaber gesprochen, der alles abgestritten hat. Ich hätte ja nur Staub wischen müssen, Prospekte falten, und ganz leichte Arbeiten erledigen müssen. Ich sei ohnehin nicht zu gebrauchen gewesen, denn ich hätte sehr langsam und unordentlich gearbeitet. Von richtiger Arbeit könne keine Rede sein. Das hätte ich alles erfunden, das wäre alles gelogen.

Ich wäre ein asozialer und verkommener Lügner, aus kaputten Verhältnissen. Jeder in der Stadt könnte das bestätigen. Erst am vergangenen Sonntag hätte er aus Gutmütigkeit einen Mitarbeiter mit einem großen Obstkorb zu mir in die Klinik geschickt, das wäre nun der Dank dafür. Ich sollte mich hier bloß nicht mehr sehen lassen. Meine Mutter wäre genau so verlogen wie ich, das läge wohl in der Familie. Außerdem wäre meine Mutter mit ihren Raten weit im Rückstand, er würde jetzt einen Anwalt einschalten. Das Geschäft würde schon seit Jahrzehnten bestehen und niemand hätte jemals so schlecht über ihn gesprochen. Er hat das Jugendamt zu seinem Schutz belogen, denn Kinderarbeit war verboten. Meinen Lohn für den letzten Monat habe ich auch nicht bekommen.

Die Werbezettel

Als ich nach langer Zeit wieder zu Hause war, hatte meine Mutter eine neue Arbeit für mich ausfindig gemacht. Nach der Schule musste ich mich bei einem Druckereibesitzer melden, der in der Poststraße wohnte. Der fuhr mit mir nach Remscheid und setzte mich in der Nähe des Marktes mit einem großen Stapel Prospekte ab. Überall sollte ich die Werbezettel in die Briefkästen werfen und zusätzlich unter die Scheibenwischer aller Autos klemmen. Es regnete in Strömen, und der Mann verschwand in einem Restaurant. Er forderte mich auf, weiter fleißig Zettel zu verteilen und in einer Stunde wieder hier zu sein. Als ich wieder zurück kam, sah ich ihn am Fenster sitzen. Als er mich sah, klopfte er an die Scheibe und zeigte auf die ge-

genüber stehenden Häuser. Er war mit dem Essen noch nicht fertig. Ich hatte auch Hunger, aber das interessierte ihn nicht.
Ich lief auf die andere Straßenseite hinüber und verteilte sorgfältig meine Zettel. Inzwischen wurde es dunkel, und es regnete immer noch. Als er aus dem Restaurant kam, rülpste er, und streichelte über seinen dicken Bauch. Sofort stellte er sich in einen Hauseingang, damit er nicht nass wurde. Mich schickte er kreuz und quer durch die Gegend. Es war bereits später Abend, als alle Zettel verteilt waren. Dann fuhr er endlich mit mir zurück nach Lennep. Ich hatte 6 Stunden die Briefkästen ganzer Straßenzüge bestückt. Als er vor seinem Haus hielt, zückte er mit einem schmerzgeplagten Gesichtsausdruck seine Geldbörse. Er gab mir eine Mark, die er mir tief in die Hand drückte. Das war der Lohn für 6 Stunden Arbeit bei Regen und Wind.
Als ich mich über den geringen Lohn beschwerte, sagte er mir in einem bösen Ton, dass ich ja die schöne Autofahrt nicht vergessen dürfte. Das war ein richtiger Ausbeuter. Später habe ich das überall erzählt. Als ich am Abend nach Hause kam, fragte meine Mutter freundlich nach dem Geld, das ich verdient hatte. Den Verdienst von einer Mark glaubte sie mir nicht und wurde wütend. Sie durchsuchte meine Hosentaschen, fand aber nichts. Sie hat mir verboten, da noch einmal hin zu gehen. Morgen will sie mir etwas anderes suchen.

Der Milchhof

Hinter dem Bahnhof in der Schlachthofstraße war der Remscheider Milchhof. Dort habe ich sechs Wochen lang während der großen Schulferien an einer Zupackmaschine gearbeitet. Diese Maschine schweißte die Milchtüten zusammen und füllte diese mit einem Liter Milch. Pro Sekunde warf die Maschine eine Tüte Milch aus, die ich blitzschnell in graue Kästen füllen musste. Die Maschine hat einen solch fürchterlichen Lärm gemacht, dass man sich anschreien musste, wenn man etwas sagen wollte. Ich hatte bereits am ersten Tag Brandblasen an den Händen, da die Schweißnähte an den Tüten noch sehr heiß waren. Alle drei Stunden wurde ich für eine halbe Stunde abgelöst und musste mich an die Flaschenkontrollstraße stellen. Die gereinigten Milchflaschen liefen vor einem Neonleuchtband und ich musste die schadhaften Flaschen aussortieren. Das war eine anstrengende Arbeit, die sehr auf die Augen ging und schwindelig machte, denn das Band lief sehr schnell. Meine Mutter kam jeden Freitag persönlich in das Lohnbüro und holte meinen Lohn ab. Da meine Mutter die Erziehungsberechtigte war, mussten sie ihr das Geld auszahlen. Nach sechs Wochen wurde mir die Arbeit zu schwer, denn ich musste um vier Uhr in der Frühe an der Maschine stehen. Ich musste schon um drei Uhr aufstehen. Dieser Job hat sehr viel Kraft gekostet.

Die Gärtnerei

Bereits wenige Tage später hatte ich eine neue Arbeit. In der Nachbarschaft gab es eine große Gärtnerei, die fünf Gewächshäuser hatten.
Dort ging ich nach der Schule arbeiten. Ich bekam die Aufgabe, die Gewächshäuser sauber zu halten und Blumen auszuliefern. Ferner musste ich Beete umgraben und Unkraut zupfen. Mit dem Ausliefern von Blumen war das so ein Ding. Oftmals war es ein sehr weiter Weg, aber ich bekam von einigen Leuten ein kleines Trinkgeld. Manchmal waren das nur zwanzig Pfennig, manche gaben auch eine Mark. Es kam aber auch oft vor, dass die Leute gar nichts gegeben haben. Ich erinnere mich noch ganz genau an eine große und schwere Blumenschale, die ich im tiefsten Winter bei Schneesturm, in das ca. 3 Kilometer entfernte Endringhausen ausliefern musste. Endringhausen liegt in einem kleinen Tal und der Schneesturm tobte da unten so heftig, dass ich nichts mehr sehen konnte. Die große Blumenschale hatte ich auf meinen Schlitten gestellt. Plötzlich kam mir ein Auto entgegen, und ich konnte noch in letzter Sekunde ausweichen. Die Schale fiel vom Schlitten, dabei sind einige Blüten einer Pflanze abgebrochen. Als ich endlich den Bauernhof erreichte, nahm mir eine ältere Frau die Schale ab. Die ist aber ganz schön schwer sagte sie, und schloss schnell die Türe. Ich hatte damit gerechnet, dass ich mich einen Moment dort aufwärmen konnte, oder wenigstens ein kleines Trinkgeld bekomme. Gott sei Dank musste ich da nie

wieder hin. Diese Geschichte werde ich nie vergessen.

Die Bauern waren als ausbeuterische Geizhälse in der ganzen Stadt bekannt. Man erzählte sich, dass die Bauern nach dem Krieg für ein Stück Speck oder Fleisch von der hungernden Bevölkerung Schmuck, oder anderes Vermögen verlangt haben. Eine Nachbarin erzählte mir, dass sie einem Bauern einen Perserteppich geben musste und dafür ein Brot und etwas Wurst bekam. Die Landwirte hatten durch ihre Viehhaltung und die Landwirtschaft genug zu essen. Sie haben die Notsituation der hungernden Menschen schamlos ausgenutzt und sich daran bereichert. Einen Perserteppich für ein Brot und ein Stück Wurst, das sagt alles.

Am Abend hatte ich dann meistens eine Mark zusammen, manchmal auch mehr. Für das Geld habe ich mir dann beim Bäcker oft eine große Tüte Kuchenkrümel gekauft. Das waren Küchenstücke die zerbrochen waren, oder Anschnitte. Die Tüten mit den Kuchenkrümeln haben mich oft satt gemacht. Einige Mitschüler machten sich über meine Krümeltüte lustig, denn sie waren mit feinen Butterbroten versorgt.
Es gab viele Mitmenschen die sich über mich lustig machten, nur weil ich arm war, und in abgetragenen Sachen herum lief. Es waren nicht nur die Kinder, sondern auch die Erwachsenen.
Sie konnten sich anscheinend in ihrem Wirtschaftswunderrausch nicht in die Lage eines Kindes

versetzen, das ohne Rechte, Schutz und ohne elterliche Fürsorge aufwuchs. Anstatt mir zu helfen, zogen alle über mich her. Niemand hat mir jemals geholfen, oder mir etwas Brauchbares geschenkt.

Ich erinnere mich daran, dass ich von einer Nachbarin einen alten Tretroller geschenkt bekam. An diesem Roller war alles abmontiert, auch die Bremse. Für die Nachbarin war das eine billige Entsorgung, ich aber, habe mich darüber gefreut. Einige Tage später hat man mir den Roller gestohlen. Ich habe ihn nie wieder bekommen.

Ich will das Geld

Wenn ich abends von der Arbeit nach Hause kam, war meine Mutter immer freundlich zu mir. Sie setzte ihr typisch falsches Lächeln auf, denn sie wollte mir mein Geld abluchsen, das ich im Laufe des Tages verdient hatte. Das ging immer so, Tag für Tag. Wenn ich ihr nichts geben konnte, wurde sie sehr böse. Sie hielt mir vor, dass ich meine Windeln noch nicht bezahlt hätte, und sie mich nicht länger am Fressen (!) halten würde. Ich soll schnell wieder auf den Dachboden verschwinden, denn da lebte ich ja.

Meine Dachbude

Auf dem Dachboden hatte ich mir mit alten Brettern und ausrangierten Möbeln, eine kleine Ecke abgeteilt. Der Dachboden war nicht ausgebaut, nur nacktes Gebälk. Es gab keine Heizung, kein Wasser und keinen Strom. Mit ein paar alten Bettlaken habe ich mein kleines Reich abgesteckt, um mich vor der Kälte zu schützen. Ich schlief auf zwei alten Matratzen, die ich übereinander gelegt hatte. Im Winter war es da oben bitter kalt und ich habe sehr gefroren. Mein Trinkwasser war in der Blechkanne eingefroren.

Wenn es zu kalt wurde, habe ich mich in das Unterteil eines alten Küchenschrankes verzogen und die Türen zugemacht. Im Schrank war es nicht so kalt.

Das wertvollste das ich besaß, war ein kleines Transistorradio. Ich habe abends gerne Radio Luxemburg gehört. Obwohl ich da oben so einsam und ärmlich wie eine Maus lebte, fühlte ich mich hier aber sicher. Hier träumte ich meine unerfüllbaren Sehnsüchte und Träume. Manchmal bekam ich in meiner kleinen Ecke auch Besuch, denn auf dem Dachboden gab es auch Mäuse. Ich habe den niedlichen Tierchen jeden Tag eine kleine Schale mit Brot oder Kuchenkrümel hingestellt, die waren am Abend meistens weg. Es ist mehrfach vorgekommen, dass ich am nächsten Tag nicht in die Schule gehen konnte, weil die Bodentüre von meiner Mutter abgeschlossen wurde.

Mein Vater

Mein Vater hatte keinen Beruf erlernt. Er arbeitete als Hilfsarbeiter mal hier, mal da. Wie ich mich erinnern kann, hat er öfters seinen Arbeitsplatz verloren, da es ständig Streit mit Vorgesetzten gab, oder weil er betrunken zur Arbeit kam. Freitags wurde ihm sein Wochenlohn ausgezahlt. Mit diesem Geld, das meine Mutter so dringend gebraucht hätte, verschwand mein Vater in der Kneipe.

Meine Mutter ist einmal zur Wirtin gegangen und hat diese gebeten, meinem Vater nicht so viel zu trinken zu geben, sie hätten dann in der Woche nichts mehr zu essen.

Die geschäftstüchtige Wirtin, bediente jedoch meinen Vater fleißig weiter, obwohl sie von der finanziellen Not der Familie wusste.

Die feine Verwandtschaft hatte sich schon seit langem von uns zurückgezogen, sie wollten mit uns nichts mehr zu tun haben. Die Eltern meines Vaters sind in den letzten Kriegstagen bei einem Bombenangriff in Remscheid umgekommen.

Sie wohnten in der Nähe des Remscheider Krankenhauses, in der Kleinen Flur Straße. Es war nicht gerade die feinste Adresse, Lieferungen nur gegen Vorkasse.

Meine Mutter

Meine Mutter wurde 1919 in Remscheid geboren. Sie hatte noch vier Geschwister, die ich aber nie kennen gelernt habe.
Sie war vor dem Krieg Textilarbeiterin und arbeitete an einer Webmaschine in einer Tuchfabrik. Als der Krieg begann, wurde meine Mutter als Straßenbahnfahrerin ausgebildet. Das war ein sogenannter kriegswichtiger Beruf. Bei einer ihrer Fahrten soll sie meinen Vater kennen gelernt haben, genaueres weis ich darüber nicht. Da ich nie eine enge Bindung zu meinen Eltern hatte, wurde über solche Dinge auch nie gesprochen.

Lennep

In dem kleinen verschlafenen Städtchen Lennep im Bergischen Land hatte der Zahn der Zeit so kräftigt genagt, dass von dem Zahn auch nichts mehr übrig sein dürfte. In Lennep ist nie etwas aufregendes passiert, außer dass Wilhelm Conrad Röntgen dort geboren wurde.
Die Spuren des Krieges waren noch in allen Straßen sichtbar. Die prunkvollen Villen der einstigen Fabrikbesitzer in der Poststraße waren ausgebombt und die Ruinen erst Ende der 60er Jahre durch die Errichtung von Neubauten ersetzt. Der kleine Ort Lennep lebte von der Tuchmacherei, Remscheid vom Maschinenbau. Viele Fabriken waren im Krieg den Bomben zum Opfer gefallen. Besonders

schlimm waren die Fliegerangriffe auf Remscheid. Dort waren alle Maschinenfabriken zerstört.

Oberhalb der Lüttringhauser Strasse stand eine alte Villa, die seit langem nicht mehr bewohnt wurde. Es war die Villa des ehemaligen Chefarztes des Lenneper Krankenhauses. Teilweise waren die Zimmer noch mit ein paar alten Möbeln bestückt und wir haben dort oft gespielt, obwohl dieses Haus etwas Unheimliches hatte. Als Kinder erzählten wir uns oft die gruseligsten Geschichten was wir in diesem Haus erlebt hätten, von Geistern und so.

Das Waldheim

Meine frühen Kinderjahre verbrachte ich zum Teil bei meiner Großmutter, meinen Eltern, oder im Waldheim, einem Kinderheim in der Nähe von Düsseldorf.
Meine Mutter lieferte mich bei der Oberin ab. Dann verschwand sie, ohne sich von mir zu verabschieden. Die Heimleitung hielt das damals für angebracht, dass war in vielen Heimen so.
Die Zeit im Waldheim sind mit schlimmen Erinnerungen verbunden, denn dort habe ich mich sehr unwohl gefühlt. Es herrschte dort ein sehr strenges, autoritäres Regiment. Fast jeden Tag wurde mit dem Stock auf die kleinen Kinder eingeprügelt. Die Kinder wurden oft wegen Kleinigkeiten stundenlang in eine stockfinstere Besen-

kammer eingesperrt. Ich hatte auch das Vergnügen, weil ich zu laut war. Ich erinnere mich noch ganz genau daran, dass ich im Kinderheim gezwungen wurde, meinen Teller stets restlos leer zu essen, obwohl ich nichts mehr essen konnte. Oft gab es Spinat, den ich nicht mochte, weil ich mich davor ekelte. Genau so war es mit fettem Fleisch, ich habe das einfach nicht essen können. Es ist häufig vorgekommen, dass ich richtig gezwungen wurde etwas zu essen, was ich nicht mochte. Die Quälerei ging so weit, dass ich mich am Tisch übergeben musste. Dann wurde ich von der frommen Schwester gezwungen, das Erbrochene zu essen. Sie blieb so lange neben mir sitzen, bis der Teller leer war.

Es passierte fast jeden Tag, dass ein Kind ins Bett gemacht hatte. Diese Kinder wurden schwer bestraft. Dem Kind wurde das nasse Bettlaken über den Kopf gehängt und das Kind in einen Papierkorb in die Ecke des Tagesraumes gestellt. Dann durfte das Kind von den anderen Kindern beschimpft und gehänselt werden. Manchmal stand das Kind den ganzen Vormittag da, bis das Laken trocken war. Ich habe auch einmal ins Bett gemacht, und ich wurde mit dem nassen Bettlaken verhängt. An manchen Tagen standen auch zwei oder drei Kinder mit ihrer nassen Schande verhüllt, in der Ecke.

Diese schwarze Erziehungspolitik wurde in vielen Kinderheimen praktiziert, das kann man in vielen Berichten ehemaliger Heimkinder nachlesen. Es soll sich damals um den sogenannten Zeitgeist gehandelt haben, das war eben so(!).

An Sonn- und Feiertagen war Besuchszeit. Meine Eltern haben mich nie besucht. Zu Weihnachten oder zum Geburtstag, hat sich auch niemand sehen lassen. Als Kind versteht man das alles noch nicht, und kommt mit einer solchen Situation nicht klar.

Stilles Verlangen

Wenn ich zwischendurch mal wieder kurzzeitig aus dem Heim kam, wurde ich zu meiner Großmutter gebracht. War meine Großmutter verreist oder krank, war ich wieder bei meinen Eltern, oder ich wurde wieder an der Heimpforte abgegeben. Es war ein ewiges hin und her. Nie hatte ich eine feste Bezugsperson die mich liebte, mich einmal liebevoll in den Arm nahm, oder der ich vertrauen konnte.
Während meiner gesamten Kindheit habe ich mich immer nach einem Beschützer, nach Liebe und Geborgenheit gesehnt. Aber einen solchen Menschen habe ich nie gefunden. Manchmal hatte ich mich an Personen geklammert, von denen ich Schutz, Aufmerksamkeit und Zuneigung erhofft hatte. Von diesen Menschen wurde ich jedoch bitterlich enttäuscht, das hat stets sehr weh getan.

Vaters Tod

Als ich 13 Jahre alt war, starb mein Vater. Der Jahrzehnte lange schlechte Lebenswandel, hatte ihn mit 52 Jahren abtreten lassen. Ich kann nicht sagen, dass ich Trauer empfunden habe. Im Gegenteil. Ich war froh, dass er nicht mehr da war. Endlich eine Person weniger, die auf mich eingeprügelt hat. Ich habe zu meinem Vater nie eine Vertrauensbasis gehabt, denn ich hatte panische Angst vor ihm, weil er mich wegen jeder Kleinigkeit übelst verprügelt hat, oder die Treppe hinunter warf. Ich musste mich mit dem Rücken zur Treppe stellen, dann gab er mir einen Boxschlag gegen den Brustkorb, und ich flog die steile Treppe hinunter. Außer Prellungen und ein paar blaue Flecken, ist meistens alles gut gegangen. Kinderknochen sind gelenkig, sagte mein Vater.

Zu seiner Beerdigung, die an einem regnerischen Septembertag stattfand, sind nicht viele Leute gekommen. Es war eine sehr einfache Beerdigung, nur wenig Blumen und Kränze. Meine Mutter hatte einen Mann an ihrer Seite, den sie als entfernten Verwandten bezeichnete. Der entfernte Verwandte übernachtete dann bei meiner Mutter, und hat ihr intensiv Beistand geleistet. Seine tröstenden Aktivitäten hat man durch das ganze Haus gehört.
Bei der Beerdigung faselte der Pfarrer etwas von einem treu sorgenden Familienvater, den Gott der Herr, so früh zu sich gerufen hätte. Einem Vater, der sich rührend und liebevoll um die Familie

gekümmert hätte. Lauter so einen Blödsinn hat der geredet. Der Pfarrer kam aus der Nachbargemeinde und hatte meinen Vater überhaupt nicht gekannt. Er hatte sich kurz vor der Beisetzung mit meiner Mutter unterhalten und dann seine Standardrede gehalten. Dafür hat er auch noch gleich nach der Beerdigung vierzig Mark kassiert. Als meine Mutter ihm das Geld gab, wünschte er uns Gottes Segen.

Bereits nach wenigen Monaten meldete sich die Friedhofsverwaltung, wegen dem verwahrlosten Zustand der Grabstätte. Sie drohten meiner Mutter mit der Einebnung, wenn sich niemand darum kümmern würde. Meine Mutter kümmerte sich seit der Beerdigung nicht mehr darum. Schließlich schickte sie mich, um die Grabstelle in Ordnung zu bringen. Ich habe die Arbeit flüchtig und mit Unwillen gemacht. Was ich dem Saufkopf da unten alles gesagt habe, möchte ich hier nicht erzählen.

Mutters Bekanntschaften

Meine Mutter blieb nicht lange alleine. Bereits wenige Wochen nach dem Tod meines Vaters zog ein jugoslawischer Gastarbeiter, Ivan A., bei uns ein. Er war gerade aus einem Gebäude entlassen worden, wo er lange Zeit zwangsweise bleiben musste. Den ganzen Tag hörte ich nur noch jugoslawische Musik und von seinen geruchsträchtigen Kochkünsten hatten nicht nur wir, sondern auch die ganze Nachbarschaft etwas. Es dauerte nicht lange, bis meine Mutter den ersten Streit mit ihm bekam.

Kurze Zeit später waren die beiden im Schlafzimmer und feierten Versöhnung. Manchmal sprachen die beiden tagelang nicht mit einander. Er zog dann ins Wohnzimmer und richtete sich dort zweckmäßig ein. Seine mitgebrachte Kochplatte stellte er auf das neue Sideboard, benutzte das Möbelstück als Arbeitsplatte.
Kreuz und quer spannte er Wäscheleinen durch das Zimmer. Bald löste sich die Tapete, denn das Fenster blieb beim Kochen stets verschlossen. Ich musste nun mit Ansehen, wie die Möbel, für die ich schwer arbeiten musste, zerstört wurden. Einige Wochen später ist er dann einfach abgehauen. Man hat nie mehr etwas von ihm gehört.

Wenige Tage später zog ein Spanier bei uns ein, der aber nach kurzer Zeit schnell das Weite suchte. Ein italienischer Kellner war auch nach einigen Tagen nicht mehr zu sehen.
Von den vielen Bekanntschaften meiner Mutter wurde ich oft sehr schlecht behandelt, weil ich für sie ein Störfaktor war. Ich habe auch gehört, wie ein Liebhaber zu meiner Mutter sagte, sie soll mich doch wieder in ein Kinderheim geben. Sie hätten dann mehr Freiraum. Ich hätte es im Heim doch bestimmt gut. Sie könnten dann ein völlig neues Leben anfangen, ich würde doch nur stören. Als ich das hörte, bekam ich Angst. Meine Mutter drohte mir fast täglich damit, mich wieder in ein Heim zu geben. Es war schon ein beunruhigendes Gefühl, ständig die Angst im Nacken, eines Tages abgeholt zu werden.

Ich ahnte noch nicht, dass dieser Tag nicht mehr fern war.

Rausgeschmissen

An den Wochenenden wollte meine Mutter mit ihren Bekanntschaften alleine sein, dann musste ich das Haus verlassen. Den ganzen Tag bin ich durch die Stadt gelaufen. Ich wusste nicht wo ich hin gehen konnte, denn Freunde hatte ich nicht. Im Sommer war das nicht so schlimm, aber im Herbst und im Winter war das nicht so lustig. Das Schlimmste war der quälende Hunger. Hunger ist etwas ganz furchtbares, seinem ärgsten Feind nicht zu wünschen.

In der Nähe gab es ein Altersheim. Hinter dem Haus war ein kleiner Verschlag, in dem die Behälter mit den Essensresten standen, die ein Bauer täglich für seine Schweine abholte. Ich bin oft dahin gegangen. Ich habe in den Tonnen noch Lebensmittel gefunden, die essbar waren.

Näheres möchte ich hier nicht schreiben. Es sind zu schlimme Erinnerungen. Ich bringe es heute immer noch nicht fertig, Essenreste zu entsorgen. Wer einmal richtig gehungert hat, versteht das schon.

Der Kinderschänder

Es war an einem Sonntag. Meine Mutter hatte mich wieder vor die Türe gesetzt, weil sie Besuch hatte. Ich war damals ungefähr 7 Jahre alt.
Wir Kinder trafen uns meist in einer großen Kriegsruine, die im Laufe der Zeit mit Sträuchern zugewachsen war. Hier konnten wir uns so richtig austoben. Als ich dort ankam, war niemand da. Sonntags mussten viele Kinder zu Hause bleiben, das war damals so. Am Sonntag ging man brav in die Kirche, dann gab es Mittagessen, anschließend Kaffee und Kuchen. Am Nachmittag gab es schöne Jugendfilme. Am Fuß der blauen Berge, Rintintin, Bonanza, Fury, Flipper und wie sie alle hießen.
Kaum hatte mich meine Mutter rausgeschmissen, begann es heftig zu regnen. Ich verzog mich in einen der wenigen Keller, die noch zugänglich waren.
Plötzlich kam ein Mann hinein, den ich vom Sehen her kannte. Er sprach mich freundlich an. Er setzte sich neben mich und streichelte mir die Beine. Dann fragte er mich, ob ich eine elektrische Eisenbahn hätte, was ich verneinte. Wenn ich seine große Eisenbahn sehen wollte, müsste ich nur mit ihm gehen. Er erzählte mir etwas von großen Dampfloks mit Tender. Wenn ich mit ihm gehen würde, wollte er mir eine Dampflok schenken, und ich bekäme auch Limonade und Bonbons. Ständig streichelte er dabei über meine Beine.
Ich wollte nicht mit ihm gehen, aber er versuchte mich zu überreden, dass ich doch mit ihm ginge.

Dann wollte ich aufstehen und weglaufen, aber er hielt mich fest. Warum ich es denn so eilig hätte, es würde doch noch regnen und ich sollte doch noch hier bleiben, sagte er.
Ich habe ein paar Bonbons für dich, die sind in meiner Hosentasche, die musst du dir da raus holen, erklärte er mir.
Er ließ mich endlich wieder los, und stand dann auf. Ich griff in seine Hosentasche, aber da waren keine Bonbons drin. Ich fühlte etwas warmes, hartes und feuchtes. Da musst du ganz fest dran reiben, dann kommen da ganz viele Bonbons raus. Ich tat das, und hatte plötzlich ganz nasse und glatte Finger. Er hatte sich wahrscheinlich das Taschenfutter herausgeschnitten und nichts weiter drunter gehabt.
Ich war noch ein kleines Kind, und hatte von dem was da abgelaufen war, nicht die geringste Ahnung. Anschließend wurde er sehr böse. Wenn du irgendjemand etwas davon erzählst, komme ich wieder, und dann schneide ich dir alle Finger mit einer großen scharfen Schere ab.
Ich rannte so schnell wie konnte nach Hause, aber meine Mutter machte mir nicht die Türe auf. Ich habe mich aus lauter Angst, dass der Mann wiederkommt und mir die Finger abschneidet, niemandem anvertraut. Ich habe mit niemandem jemals darüber gesprochen. Mit meiner Mutter hätte ich darüber sowieso nicht reden können. Die hätte sofort auf mich eingeschlagen. Mein Vater war zu dieser Zeit im Krankenhaus. Mit dem hätte ich auch nicht darüber reden können, weil er mich

nicht wollte. Fünfundvierzig Jahre lang, habe ich über diesen Tag geschwiegen. Erst jetzt, wo ich meine Biographie schreibe, möchte ich das Geheimnis endlich loswerden. In diesem Moment fällt mir ein Stein vom Herzen, aber es war für mich nicht so leicht, dieses Kapitel zu schreiben. Es war Klaus Peter B. aus Remscheid, ein Stadtbekannter Kinderschänder. Er hatte schon mehrere Anzeigen wegen solcher Delikte. Da er geistig behindert war, ging man stets milde mit ihm um. Es musste schon damals, erst etwas ganz Schlimmes passieren, bis man solche Gestalten weggesperrt hat. Anfang der achtziger Jahre, ist er an einem Schlaganfall gestorben.
Egal, was an diesem Sonntag auch passiert ist, ich hatte einen Schutzengel bei mir. Es hätte alles viel schlimmer kommen können.

Die Gemeinde

Sonntags stand vor dem Bahnhofsgebäude öfters eine religiöse Gemeinde, die fromme Lieder gesungen haben. Sie haben mich freundlich angesprochen und mich in ihren Gemeinderaum im benachbarten Wuppertal eingeladen. Am nächsten Sonntag hat mich ein Mitglied aus der Gruppe am Bahnhof abgeholt, und ist mit mir nach Wuppertal gefahren.
Auf diese Weise lernte ich Herbert kennen, er war ein lieber und hilfsbereiter Mensch. Herbert und ich konnten noch nicht ahnen, was noch alles auf

uns zukommen würde. Vielleicht war es auch gut so.
Im Gemeindesaal angekommen, wurde ich von allen herzlich begrüßt. In diesem hallenähnlichen Gemeinderaum, war früher eine Schreinerwerkstatt. Diesen Raum hatte die Gemeinde schon seit einigen Jahren als Ort für ihre Gottesdienste angemietet. Ganz vorn stand ein großer länglicher Tisch, der als Altar diente. Auf dem Tisch war eine weiße Tischdecke. In der Mitte stand ein großes braunes Holzkreuz. Rechts und links eine weiße Kerze, an den Außenseiten standen zwei große künstliche Blumengestecke.
Es war November und der große Raum war nur sehr dürftig geheizt. In einer Ecke stand ein großer Kanonenofen, der mit Holz befeuert wurde.
Da alle sehr nett und freundlich zu mir waren, habe ich mich dort sehr wohl gefühlt und mich auf den nächsten Sonntag gefreut.
Als der Gottesdienst zu Ende war, wurde ich von einer Familie in deren Wohnung zum Essen eingeladen. Ich nahm die Einladung gerne an. Ich war völlig ausgehungert und freute mich über eine gute Mahlzeit.
Herbert fuhr mich anschließend wieder nach Remscheid zurück. Er hatte mir fest versprochen, mich am Sonntag wieder abzuholen. Am kommenden Sonntag war ich schon eine Stunde früher am verabredeten Ort, aber ich musste nicht lange auf ihn warten. Da wir viel zu früh in Wuppertal ankamen, hat er mit mir eine kleine Stadtrundfahrt gemacht.

Von der Schwebebahn war ich total begeistert, und wir sind ein Stück damit gefahren.
Nach dem Gottesdienst haben sich einige Gemeindemitglieder mit mir unterhalten. Sie wollten eine Einverständniserklärung meiner Mutter haben, dass ich Sonntags nach Wuppertal fahren darf. Das hätte meine Mutter nie getan, und so habe ich einfach erzählt, dass sie damit einverstanden ist. Ich habe meiner Mutter nie etwas davon erzählt, denn wenn sie da aufgetaucht wäre, hätte das ohnehin nur in einer Katastrophe enden können. Ich war froh, dass ich endlich nette Menschen gefunden hatte, die hilfsbereit und freundlich zu mir waren.

Jedes Wochenende war ich bei einer anderen Familie zum Essen eingeladen, das war eine schöne Sache. Bereits nach kurzer Zeit habe ich mich mit Herbert angefreundet. Ich konnte ihm alles erzählen, was bei mir zu Hause wieder passiert war. Herbert konnte ich absolut vertrauen. Er hat mir oft ein paar Mark zugesteckt, damit ich mir in der kommenden Woche etwas zu Essen kaufen konnte. Bevor du bei Wind und Wetter wieder den ganzen Tag auf der Straße bist, kommst du zu mir, oder meinen Eltern sagte er, ich gebe dir meine Wohnungsschlüssel. Das Angebot habe ich sofort angenommen, denn ich war froh, dass ich nicht mehr auf der Straße war.

Wenn ich von meiner Mutter wieder einmal rausgeschmissen wurde, bin ich mit dem nächsten Zug nach Wuppertal gefahren. In seiner Wohnung habe ich mich sicher gefühlt. Ich durfte an den Kühlschrank gehen und mich richtig satt essen. Manchmal habe ich ein richtig schlechtes Gewissen gehabt, denn er hat auch nicht viel verdient. Bis Herbert nach Hause kam, habe viel am Fenster gesessen. Alle fünf Minuten kam die Schwebebahn vorbei, das fand ich immer sehr interessant. Als er nach Hause kam, brachte er immer Brot und Kuchen vom Vortag mit. Er arbeitete als Bäcker in einer Konditorei in Elberfeldt. Ich hatte in meinem bisherigen Leben noch nie so viel Kuchen gegessen, wie in dieser Zeit.

Meine Mutter wunderte sich, weil ich nun oft Kuchen und Brötchen hatte. Sie schaute dann immer misstrauisch in ihre Geldbörse, da sie annahm, ich hätte ihr Geld gestohlen.

Ich hätte meiner Mutter niemals die Wahrheit gesagt. Die Vertrauensbasis zu meiner Mutter war seit langem völlig zerstört, dafür gab es auch ausreichend Gründe. Für meine Mutter war ich wie ein Aussätziger den man nicht in der Wohnung haben will, so habe ich mich auch von ihr behandelt gefühlt. Aus diesem Grund blieb ich auch während meiner gesamten Kindheit mit meinen Sorgen, Ängsten, Nöten, und Fragen allein. Lieber hätte ich einem bissigen Hund meine Hand hingehalten, als meiner Mutter auch nur das allergeringste Vertrauen entgegen zu bringen. Den Körperkontakt zu meiner Mutter habe ich stets vermieden.

Verprügelt

An einem Freitagabend hatte sich zu Hause die Lage wieder bedrohlich zugespitzt. Ein neuer Liebhaber meiner Mutter hatte mich brutal verprügelt. Er verprügelte mich, weil ich ihm angeblich mit meiner Anwesenheit auf die Nerven ging. Er schlug mit beiden Fäusten brutal auf mich ein. Meine Mutter fiel mir dabei auch wieder in den Rücken, statt mir zu helfen. Sie beschimpfte mich als unnützenden Fresser und dreckigen Bastard. Trotz Verletzungen gelang es mir, aus dem Haus zu flüchten. Ich humpelt zum Bahnhof, in der Hoffnung, dass noch ein Zug nach Wuppertal fährt.

Mein Helfer und sein Niedergang

Ich fuhr mit dem nächsten Zug nach Wuppertal, aber Herbert war nicht zu Hause. Ich hatte die Schlüssel verlegt, die ich aber später wieder gefunden habe. Viele Stunden irrte ich durch die Straßen der Stadt. Es war schon dunkel und es regnete. Meine Kleidung war völlig durchnässt, und ich hatte Schmerzen. Ich kam mir vor, wie ein geprügelter Hund, auf der Suche nach einer neuen Bleibe.

Am Abend traf ich Herbert endlich an. Er hat erst einmal meine aufgeplatzte Lippe versorgt. Dann durfte ich mich richtig satt essen. Herbert ermahnte mich, wieder in die Schule zu gehen. Wenn ich nicht in die Schule gehe, würde sich die Fürsorge einschalten und ich werde in ein Erziehungsheim eingewiesen. Davor hatte ich fürchterliche Angst. Meine Mutter drohte ja ständig damit und wusste furchterregende Dinge aus Erziehungsheimen zu erzählen. Schon bei Kleinigkeiten, wenn ich nicht so funktionierte wie sie es wollte, drohte sie mit der Fürsorge und dem Erziehungsheim. Heute weiß ich, dass sie genau darauf hingearbeitet hat. Sie wollten mich loswerden. Dass diese Drohungen jetzt sehr schnell Wirklichkeit werden sollten, ahnte ich immer noch nicht.

Albtraum Schule

Ich übernachtete bei Herbert und am nächsten Morgen brachte er mich in die Schule. Das einzige was ich für die Schule mit hatte, war ein Butterbrot, einen Füllfederhalter, einen Bleistift und einen Schreibblock. Herbert gab mir die Sachen. In der Schule haben mich alle ausgelacht, und machten dumme Bemerkungen über mein blaues Auge. Meine Lehrerin meinte, wie schön es doch sei, dass der gnädige Herr mal wieder einen Anstandsbesuch in der Schule macht. Anstatt mich auf der Straße zu prügeln, sollte ich lieber in die Schule kommen. Ich habe mich oft tagelang nicht in die Schule getraut, weil ich keine Schularbeiten machen konnte.

Aufgehetzt durch die Lehrerin bekam ich wieder einmal Klassenkeile. Ich habe meine Lehrerin und meine Mitschüler abgrundtief gehasst, ich hasse sie noch heute. Da fast alle Mitschüler wussten, dass ich nur ganz selten ein Pausenbrot hatte, stellten sich einige von ihnen vor mich, und zeigten mir spöttisch ihre leckeren Butterbrote. Das hat oft sehr weh getan. Einmal habe ich einer Mitschülerin ein Butterbrot gestohlen, weil ich großen Hunger hatte. Das Butterbrot lag unter ihrer Schulbank, ich konnte einfach nicht widerstehen. Der Hunger hat mich dazu verleitet. Dabei wurde ich erwischt, und es gab ein großes Theater. Ich musste zum Rektor kommen, der mich dann zur Schnecke machte. Meine Mutter musste am nächsten Tag, einem Freitag, in die Schule kommen. Dem Rektor hat sie dann vorgelogen, dass sie jeden Tag für mich Essen kocht, sie könnte das gar nicht verstehen, warum ich so etwas getan habe. Als ich nach Hause kam, sperrte sie mich auf den Dachboden. Erst am Montag früh, konnte ich wieder in die Wohnung.

Ich war auch das einzige Kind in der Klasse, das nie Geld für Kakao oder Milch hatte. Blieb einmal ein Getränk übrig, wurde vor der gesamten Klasse darüber abgestimmt, wer den Kakao oder die Milch bekommt. Ich bekam nie etwas. Das hat manchmal sehr weh getan und ich habe oft innerlich geweint. Die Lehrerin hatte auch einige Lieblingsschüler. Meist hatten die Eltern ein Geschäft in der Stadt, wo sie ihre Einkäufe erledigte. Diese Mitschüler bekamen auffallend gute Noten, und meine Lehrerin wahrscheinlich gute Preise.

Vom Turnunterricht wurde ich ausgeschlossen, weil ich keine Turnschuhe hatte. Die billigsten Turnschuhe kosteten damals sieben Mark. Das Geld hätte ich nie aufbringen können, denn ich war froh, wenn ich überhaupt etwas zu beißen hatte. Ohne Turnschuhe durfte man die Turnhalle nicht betreten. Während die anderen turnten, saß ich am Rand und musste Rechenaufgaben lösen, oder einen Aufsatz schreiben. Die Lehrerin kam mehrmals kontrollieren. Nur weil ich keine Turnschuhe hatte, bekam ich für den Turnunterricht die Zeugnisnote ungenügend(!).

Ohne Fleiß keinen Preis. Das war der Standardspruch meiner Lehrerin, den habe ich wohl tausendmal gehört. Dieser Spruch zierte auch ein Fenster in der Schule.

Meine Mutter war mit meiner Lehrerin zerstritten, deshalb kam sie auch den Einladungen zum Elternabend nicht nach. Die Beiden waren während der Nazizeit Gruppenführerinnen beim Bund deutscher Mädchen, BDM. Schon während ihrer Dienstzeit konnten sie sich nicht leiden, und wischten sich einen aus, wo sie nur konnten.
Ihre Feindschaft hatte etwas mit einer Männergeschichte aus Kriegstagen zu tun. Es ging um einen Offizier, einen Herrn von Tredow aus Berlin Wannsee. Meine Mutter hatte vor dem Krieg eine Beziehung mit ihm, die aber nur von kurzer Dauer war. Einige Zeit später lernte Herr von Tredow meine Lehrerin, Frau Olbersdorf, kennen. Der Ausbruch des zweiten Weltkrieges zog einen jähen Schlussstrich unter ihre Beziehung, da Herr von Tredow an die russische Front geschickt wurde. Meine Lehrerin ist zeitlebens unverheiratet geblieben.

Der Sündenbock

Aus den vorerwähnten Gründen, standen meine Zensuren schon jetzt, am ersten Schultag fest. Meine Beste Note war eine Vier, alle anderen Noten Fünfen und Sechsen. Für ihre Streitigkeiten musste ich jetzt meinen Kopf hinhalten.
Am Einschulungstag hat mich meine Mutter alleine in die Schule geschickt, weil sie meiner Lehrerin nicht begegnen wollte. Alle Schulanfänger hatten eine bunte Schultüte, nur ich nicht. In dem großen

Gebäude fand ich die Klasse nicht, deshalb kam ich schon am ersten Schultag zu spät.

Die relativ kurze Zeit die ich in die Schule ging, war für mich ein wahrer Horrortrip. Da ich die aktuellen Lehrbücher immer erst Monate später hatte, kam ich im laufenden Schuljahr nie richtig mit. Meine Hausaufgaben konnte ich auf Grund der fehlenden Bücher nicht machen. Meine Mutter vertrat die Auffassung, dass die Schule die Lehrmittel zur Verfügung stellen muss und nicht die Eltern. Sie war nicht bereit mir das Geld für die Bücher zu geben. Ich war der schlechteste Schüler in der Klasse, und das hatte immer weitreichende Folgen. Von jährlichen Ausflugsfahrten oder sonstigen Veranstaltungen, wie Aufführungen in der Aula, wurde ich jedes Jahr ausgeschlossen. Wenn die Klasse einen Ausflug machte, musste ich in einer anderen Klasse am Unterricht teilnehmen. Ich wurde für etwas bestraft, was gewissenlose, egoistische Erwachsene zu verantworten hatten.

Meine Mutter hatte einige Tage später erfahren, dass ich in Wuppertal übernachtet hatte, weil Herbert mich am Morgen in die Schule brachte. Das war für meine Mutter ein gefundenes Fressen, sie ging gleich wieder zum Jugendamt.

Bei der Fürsorge hatte man für die vorgebrachten Sorgen meiner Mutter großes Verständnis, ich galt nun als sittlich verwahrlost. Sie erzählte die schlimmsten Geschichten über mich, stellte mich

als völlig ungehorsamen und verwahrlosten Jungen dar, mit dem sie nicht mehr fertig wird.
Es ist nur einmal vorgekommen, dass ich eine Nacht nicht nach Hause gekommen war, weil ich auf einer Feier im Nachbarort die Zeit vergessen hatte. Es fuhr kein Autobus mehr, darum übernachtete ich dort. Der letzte Autobus fuhr damals um 20 Uhr. Meine Mutter erzählte daraufhin bei der Fürsorge, dass ich nächtelang nicht nach Hause kommen würde. Meine Mutter wurde damals telefonisch benachrichtigt, dass ich dort übernachte. Sie erklärte sich damit einverstanden.

Die Fürsorgeschwester

Von nun an, stand jetzt regelmäßig die schon ältere Fürsorgeschwester vor der Türe und wollte mich sehen. So oft sie auch kam, ständig hatte sie etwas zu meckern.

Einmal waren meine Fingernägel nicht sauber, ein anderes mal, waren die Schuhe nicht geputzt, dann waren die Haare zu lang, oder ich hatte meinen Scheitel nicht ordentlich gekämmt. Sie wollte auch ein sauberes Taschentuch bei mir sehen, aber damit konnte ich leider nicht dienen. Ich hatte nämlich keine Taschentücher. Immer war irgend etwas nicht in Ordnung. Über den unregelmäßigen Schulbesuch, machte sie sich besondere Sorgen, unternahm aber in dieser Richtung nichts. Die Alte redete nur dummes Zeug. Sie ermahnte mich stets artig zu sein, ich sollte immer auf Sauberkeit

achten. Sie hat sich nicht einmal vergewissert, ob ich genug zu essen hatte. Meine Mutter hat sie auch nur selten die Wohnung gelassen, die Gespräche fanden oft im Hausflur statt. Wenn ich ein einigermaßen ordentliches Aussehen hatte, war die Welt für die Fürsorgeschwester in Ordnung.
Manchmal hat meine Mutter der Fürsorgeschwester gar nicht aufgemacht, aber die Alte war hartnäckig. Sie kam dann mehrmals am Tag wieder. Irgendwann hatte sie dann doch Erfolg, und hatte wieder furchterregende Dinge an mir auszusetzen.

Ein böses Nachspiel

Als meine Mutter nun erfahren hatte, dass ich bei einem fremden Mann in Wuppertal übernachtet hatte, suchte sie noch am selben Abend Herbert auf, und beschimpfte ihn auf das Übelste. Weil sie sich so unmöglich aufgeführt hat, hat er meine Mutter rausgeschmissen. Sie soll sich hier bloß nicht mehr sehen lassen. Nun passierten furchtbare Dinge.
Als meine Mutter wieder nach Hause kam, bekam ich Prügel, dass mir das Nasenbein brach und eine Arterie in der Nase platzte. Ich verlor unaufhörlich Blut. Meine Mutter stopfte mir Watte in die Nasenlöcher, aber das half nichts. Das Blut lief mir nun unaufhörlich in den Rachenraum. Weil sie Angst hatte das ich verbluten könnte, fuhr sie mit mir ins Remscheider Krankenhaus. Das lag ein ganzes Stück außerhalb der Stadt. Erst mit dem

Autobus bis zum Remscheider Hauptbahnhof, dann noch mit der Straßenbahn ungefähr zehn Stationen.

Leere Versprechungen

Die Fahrt zum Krankenhaus erschien mir unendlich lang. Während der gesamten Fahrt, redete mir meine Mutter immer wieder ein, dass ich sagen soll, ich wäre mit meinen Rollschuhen gestürzt. Immer und immer wieder der gleiche Satz. Sage, du bist mit deinen Rollschuhen gestürzt. Ich bekäme auch eine elektrische Eisenbahn, wenn ich das so sagen würde. Dabei machte sie das Geräusch einer Dampflokomotive nach, machte ein freundliches Gesicht, um mich zu manipulieren.
Eine Menge Personenwagen würde ich auch noch bekommen. Brücken, Signale, Häuser und viele, viele Dinge mehr. Die Eisenbahn wurde immer umfangreicher. Du musst nur sagen, dass du mit den Rollschuhen gefallen bist. Sagst du das nicht, werde ich sehr böse. Dabei verzog sie ein furchterregendes Gesicht, dass mir bestens bekannt war. Denk nur an die Eisenbahn, dann wird alles gut. Zeig mal der Mama, dass du ein braves Kind sein kannst. Eine elektrische Eisenbahn war für mich ein Wunschtraum. Ich träumte immer schon davon, und so nahm ich mir fest vor, alles so zu sagen, wie meine Mutter es wollte.
Durch den hohen Blutverlust bin ich dann kurz vor dem Krankenhaus ohnmächtig geworden. Beherzte

Fahrgäste haben meiner Mutter dann geholfen mich schnell in die Notaufnahme zu bringen, wo ich dann sofort Bluttransfusionen bekam. Erst nach Stunden kam ich wieder zu mir, aber es drehte sich alles um mich herum.
Im Krankenhaus spielte sie perfekt die verzweifelte Mutter. Mein armes Kind ist mit den Rollschuhen gestürzt. Wie oft hätte sie mich zur Vorsicht ermahnt, aber Kinder sind eben so, sagte sie. Ihr Sohn muss einige Zeit hier bleiben, sagte der Arzt wütend, und schickte meine Mutter dann sofort weg.
Als es mir etwas besser ging, unterhielt sich der Arzt mit mir in einem Raum, wo wir ganz alleine waren. Er stellte mir ein paar Fragen, unter anderem auch, wie man denn Rollschuhe größer oder kleiner macht. Da ich nie Rollschuhe besessen hatte, konnte ich ihm die Frage nicht beantworten. Ich wurde unsicher und fing an zu stottern. Ich dachte nur an die große Eisenbahn und wollte nicht sprechen.
Es klärte sich aber alles sehr schnell auf. Als der Arzt bei der Einlieferung meinen striemengezeichneten Rücken sah, konnte er sich ein geschlossenes Bild machen. Er streichelte mir vorsichtig über meinen Kopf und meinte, dass alles wieder gut wird.

Du musst aber noch ein Weilchen hier bleiben, sagte er, und ich war froh. Es gab hier gut und reichlich zu essen, auch Nachtisch und Obst. Es

war eine schöne Zeit im Krankenhaus, hier hatte ich meine Ruhe.
In diesem Zimmer lagen noch fünf andere Kinder und es ging den ganzen Tag lustig zu. Jeden Tag war Besuchszeit, aber die Eltern durften das Krankenzimmer nicht betreten, es war nur Sichtkontakt durch eine große Glasscheibe.

Schlimmer Besuch

Plötzlich stand meine Mutter da und winkte mit einem Zweimarkstück. Die anderen Besucher waren darüber entsetzt. Das Kind kann sich doch hier nichts kaufen, was sind sie denn für eine Mutter? Ich versteckte mich unter der Bettdecke. Als ich meine Mutter dort stehen sah, hatte ich Angst, dass sie mich wieder abholt. Ich wollte doch unbedingt noch hier bleiben. Dann war sie aber nach kurzer Zeit endlich wieder verschwunden. Sie hatte auch nichts für mich abgegeben, was das Personal merkwürdig fand, denn alle Eltern hatten ihren Kindern etwas mitgebracht. Sie hat sich auch nie wieder im Krankenhaus sehen lassen.
Nach zwei Wochen musste ich wieder nach Hause. Ich war traurig, dass ich den Ort der Ruhe und Geborgenheit verlassen musste. Sie kann mich abholen, teilte ihr das Krankenhaus mit. Aber sie hatte angeblich keine Zeit, sie hatte wohl Angst vor peinlichen Fragen.
Sie bat die Schwestern mir 60 Pfennig zu geben, ich sollte mit dem Autobus nach Hause fahren. Die

Schwestern waren entsetzt. Mitleidig hat sich das Pflegepersonal dann von mir verabschiedet.
Obwohl jeder wusste was mit mir passiert war, hat niemand etwas gegen meine Mutter unternommen. Sie wurde nicht einmal zur Sache befragt. Es waren eben die bösen Rollschuhe, dabei blieb es.
Herbert durfte mich im Krankenhaus nicht besuchen, es wurde ihm von meiner Mutter und vom Jugendamt untersagt.

Wieder zu Hause

Als ich zu Hause ankam, wollte mich meine Mutter – sofort – mit einem großen Zettel einkaufen schicken. Als ich mich weigerte, weil ich mich noch so schwach fühlte, machte sie gleich wieder lautstarkes Theater. Wenn ich fressen wollte, könnte ich auch etwas dafür tun. Ich soll doch wieder verschwinden, es wäre so schön ohne mich gewesen. An das Versprechen, dass sie mir eine elektrische Eisenbahn kaufen will, konnte sich meine Mutter nicht mehr erinnern.

Gleich zu Herbert

Bereits zwei Tage später bin ich nach Wuppertal gefahren. Herbert erzählte mir, dass die Polizei bei ihm war. Die müssen sich da aufgeführt haben wie die Wandalen. Meine Mutter hatte ihn bei der Polizei als Kinderschänder angezeigt. Die Polizei war auch bei Herberts Arbeitgeber, um dort Er-

kundigungen über ihn einzuziehen. Daraufhin verlor er sofort seinen langjährigen Arbeitsplatz. Er stand damals kurz vor seiner Konditor- Meisterprüfung. Der Verlust seiner Arbeitsstelle war für ihn die absolute Katastrophe, sein Ruin. Jahre der Arbeit, mit einem Schlag vernichtet.
Er lebte nun finanziell von seinen Eltern, was ihn sehr belastete. Seine Wohnung musste er einige Monate später dann auch aufgeben, weil er die Miete nicht mehr aufbringen konnte. Seine Eltern lösten dann seine Wohnung auf, und er wohnte wieder in dem kleinen Zimmer, in dem er seine Kinderjahre verbrachte.
In einer kleinen Stadt spricht sich alles sehr schnell herum, und jeder dichtete seinen Teil dazu. Letztendlich sprach man von einem Kinderschänder.

Er schickt mich weg

Als ich an diesem Tag zu ihm kam, war er ganz anders wie sonst, er sprach auch kaum mit mir. Er gab mir etwas zu essen und etwas Geld. Dann bat er mich, n i e w i e d e r hierher zu kommen. Am Sonntag könnten wir uns ja vielleicht im Gemeindehaus sehen, anders geht es nicht mehr. Ich war sehr traurig. Wo sollte ich denn jetzt hin, wenn es zu Hause wieder unerträglich ist?
Er nahm mich fest in seine Arme und ich merkte, dass er weint. Geh jetzt, geh, sagte er. Ich glaube, er hatte Angst. Als Herbert mich umarmte, spürte ich zum ersten mal in meinem Leben Körperwärme.

Das war ein sehr schönes Gefühl, einfach unbeschreiblich schön.

Selbstmordgedanken

Herbert war meine einzige Bezugsperson, mein einziger Halt. Nun schickte er mich weg, und das war für mich sehr schlimm. Zum ersten mal in meinem Leben hatte ich Selbstmordgedanken. Seine Aufforderung, ihn nicht mehr aufzusuchen, hatte mir das Herz gebrochen. Ich wollte sterben, denn jetzt hatte ich meine einzige Vertrauensperson auch noch verloren.
Ich stand am Bahnsteig, und war fest entschlossen mich unter einen Zug zu werfen. Das geht schnell, dachte ich, du merkst nicht viel davon. Auf dieser Welt ist kein Platz für mich. Meiner Mutter bin ich nur lästig, und ich bin ein unerwünschtes Kind, ein unnutzer Fresser.
Durch den Lautsprecher hörte ich die Ankündigung eines Zuges. Jetzt ist es so weit, dachte ich, gleich ist alles vorbei.
Ich betete: Lieber Gott, sei bitte nicht böse, dass ich heute ungerufen zu dir komme, aber ich weiß nicht mehr weiter.

Ich stellte mich ganz dicht an die Bahnsteigkante und sah von Ferne den Zug kommen. Es war ein Gefühl der Angst, aber auch ein Gefühl der Hoffnung und Freude in mir. Im Religionsunterricht erzählte der Lehrer, dass alle Kinder ins Paradies

kommen wenn sie sterben, da soll es sehr schön sein. Wenn ich im Paradies bin, dachte ich, werde ich nicht mehr geschlagen und habe immer genug zu essen, und alle sind da ganz lieb zu mir.
Als der Zug ungefähr fünf Meter vor mir war wollte ich zum Sprung ansetzen, aber plötzlich riss mich ein Mann heftig zurück. Er muss mich wohl schon eine ganze Weile beobachtet, und bemerkt haben, dass mit mir etwas nicht stimmt. Du spinnst wohl, sagte er. Weist du nicht wie gefährlich das ist? Jetzt verschwinde hier, man sollte dich der Bahnpolizei übergeben.

Geflüchtet

An einem Freitagabend war der Liebhaber meiner Mutter schon wieder völlig betrunken. Als ich mich weigerte ihm Alkohol zu besorgen, schlug er wieder mit beiden Fäusten auf mich ein. Unter dem Kinn hatte ich eine Platzwunde, die stark blutete. Die Narbe ist heute noch gut sichtbar.
Es war schon später Abend als ich zum Bahnhof rannte, in der Hoffnung, dass noch ein Zug nach Wuppertal fährt. Ich hatte Glück. Wäre ich fünf Minuten später am Bahnhof gewesen, hätte ich den letzten Zug verpasst, und ich hätte wieder unter dem großen Rhododendrenstrauch auf dem Friedhof übernachten müssen. Es wäre nicht das erste mal gewesen, hier war ich in Sicherheit. An diesem Abend hätte ich mich zu Hause nicht mehr blicken

lassen können, das hätte in einer Katastrophe enden können.
Herbert war sehr überrascht, dass ich noch so Spät bei ihm auftauchte. Er versorgte meine Platzwunde am Kinn und gab mir etwas zu essen. Ich hatte den ganzen Tag noch nichts gegessen. Wenn du gegessen hast, fahre ich dich zurück, sagte Herbert. Nein, das will ich nicht. Ich will hier bleiben, sagte ich. Der Kerl meiner Mutter schlägt mich tot. Nach langem hin und her erlaubte er mir, dass ich diese Nacht bei ihm bleiben kann. Er hatte wegen meiner Mutter ohnehin schon viel Ärger am Hals und hatte deshalb auch Angst vor der Polizei. Am nächsten Morgen wollte er mich in die Schule bringen.
Aber es sollte alles ganz anders kommen. Die Tore zum Abstieg ins Reich der Finsternis hatten sich geöffnet.
Was jetzt auf mich und Herbert zukam, hätte ich mir in meinen schlimmsten Träumen nicht ausmalen können. Die kommenden Stunden, sollten mein weiteres Leben für alle Zeit prägen.

Unsere Festnahme

Nun sollte die Falle, die meine Mutter schon so lange aufgestellt hatte, endlich zuschnappen.
Sie informierte die Polizei, und gab meinen Aufenthaltsort in Wuppertal an. Sie erzählte, dass ich in den Händen eines gefährlichen Sittlichkeitsverbrechers sei. Er wäre schon lange Zeit hinter

mir her und man müsste mich sofort aus der Wohnung befreien.
In den frühen Morgenstunden, ich glaube so gegen 5 Uhr, wurde Herberts Wohnung von mehreren Polizeibeamten regelrecht gestürmt. Die Wohnungstür wurde aufgestemmt. Meine Anwesenheit in seiner Wohnung, war für die Behörden Beweis genug. Gegen Herbert wurde Anzeige wegen Kindesmissbrauch erstattet. Meine Mutter hatte diese Verleumdung, dass er mich wahrscheinlich missbraucht, auch beim Jugendamt angegeben.
Unsere Freundschaft basierte auf einer ganz anderen Ebene, die aber in den verdorbenen Fantasien der Anderen ganz anders aussah. Nichts ist so schmutzig wie eine schmutzige Fantasie!
Durch den Lärm der Überfallartigen Aktion, wurde die Hausgemeinschaft aufgeweckt. Alle Hausbewohner sahen, wie wir in Handschellen abgeführt wurden. Die Bemerkungen der Hausbewohner waren verletzend und beleidigend. Es ist erstaunlich, was die Hausbewohner alles gehört und gesehen haben wollen. Obwohl bei der Hausgemeinschaft krampfhaft Beweise gegen Herbert und mich gesucht wurden, galten die widersprüchlichen Aussagen der Bewohner als unglaubwürdig.

Das Verhör

Wir wurden beide in eine Polizeiwache verbracht, wo wir uns einem langen und peinlichen Verhör unterziehen mussten. Es war ein dicker fetter

Verhörspezialist, der aussah, wie ein Tresorknacker. Dann wurde Herbert aus dem Raum geführt. Es war für viele Jahre das letzte Mal, dass ich ihn sah. Erst viele Jahre später habe ich erfahren, dass er zu einer Gefängnisstrafe ohne Bewährung verurteilt wurde, die er in einer Rheinischen Justizvollzugs-anstalt absitzen musste. Ein Antrag auf vorzeitige Entlassung wurde abgelehnt.
Nachdem sie Herbert aus dem Raum geführt hatten, nahm man mich regelrecht in die Zange. Einer stand vor mir, ein anderer Mann hinter mir. Beide stellten gleichzeitig sehr schnell Fragen. Unter Androhung wahrheitsfördernder Maßnahmen, also körperlicher Gewalt, wollte man Dinge aus mir herauspressen, die ich niemals getan habe. Eine grelle Lampe war auf mein Gesicht gerichtet und blendete mich. Immer wieder wurde ich gefragt, ob er sich sexuell an mir vergangen hätte. Ich sollte doch alles zugeben, das wäre besser so.
Ich sollte doch endlich mein Gewissen erleichtern, mir würde doch nicht viel passieren, da ich ja noch Minderjährig sei. Immer wieder, wurde mir bei dem Verhör körperliche Gewalt angedroht. Gleich kracht es sagte der dicke, der hinter mir stand. Seine Geduld sei nun endgültig am Ende. „Du kriegst gleich Schläge!“ usw.. Ich durfte nicht einmal auf die Toilette. Du kannst erst auf die Toilette gehen, wenn du uns die Wahrheit gesagt hast.
Ich hatte niemanden der mir zur Seite stand, die haben mit mir gemacht, was sie wollten.
Weil ich das alles nicht mehr ausgehalten habe, habe ich alles was mir vorgelegt wurde, einfach

unterschrieben. Ich wusste nicht, was ich da unterschreibe, konnte das auch nicht lesen, da mich die Lampe so lange geblendet hatte. Danach haben sie mich endlich in Ruhe gelassen.
Nach dem Verhör musste ich alle privaten Sachen abgeben. Ich wurde in einen blauen Knastanzug gesteckt. Dann sperrte man mich in eine beengende Einzelzelle, wo ich die nächsten vier Tage verbrachte, ohne zu wissen, was man mit mir vor hatte. Es waren grauenhafte, dunkle Tage. Ich fühlte mich einsam und verlassen. Ich konnte noch nicht erahnen, was man mit mir vor hatte. Ich hatte nur noch Angst. Wenn ich ein Schlüsselbund klappern hörte, geriet ich in Panik.
Als ich es wagte nach Herbert zu fragen, lachte man mich nur mildtätig an. Der sitzt zwei Etagen höher, sagte man mir. Er war also hier im Haus. Mein Gott, was hatte meine Mutter nur angerichtet. Wir hatten doch nichts verbotenes getan. Ich war total verzweifelt.

Das Urteil

Als die Zellentür am Morgen des vierten Tages geöffnet wurde, betraten zwei Vollzugsbeamte und ein Jugendrichter meine Zelle. Dann las man mir folgenden Wortlaut vor.

Im Namen des Volkes ergeht folgender Beschluss:

Der Minderjährige Dietmar Krone, geb. am 10. Mai 1954, wird auf Grund

SITTLICHER VERWAHRLOSUNG

bis zur Vollendung seines 21. Lebensjahres in ein geschlossenes Erziehungsheim überstellt. Es ist Fürsorgeerziehung angeordnet.

Als man mir dieses vorgelesen hatte, stand ich für einen Moment wir gelähmt da. Es war so, als hätte man mir mein Todesurteil vorgelesen.
Ich habe nie vor einem Richter gestanden, ich habe mich nie verteidigen können. Ich habe auch Herbert leider nicht mehr helfen können. Nun war alles zu spät, die ganze Welt war gegen uns – und wir in einer völlig ausweglosen Situation. Ein Richter der mich nie gesehen hatte, fällte ein grausames Urteil über mich.
Von nun an, war ich ein Fürsorgezögling. Eingewiesen in eine geschlossene Anstalt, Abschaum der Gesellschaft und ein billiges Arbeitstier.
Von Herbert habe ich nichts mehr gehört, da alle Briefe unterschlagen wurden.
Hier beginnen meine Aufzeichnungen aus der Erziehungs- und Zuchtanstalt in Süchteln, einem der bekanntesten Orte des Schreckens und des Grauens. Ein Krankenpfleger sagte einmal zu mir, wer Süchteln wieder verlässt, ist ein gebrochener Mensch.
Er hatte Recht.

Die Abholung

Die Überführung ins Erziehungsheim, erfolgte am nächsten Morgen in aller Frühe.
Auf meine Frage wo man mich hinbringt, bekam ich keine Antwort. Das wirst du schon sehen, meinte einer der Beamten, der mir zuvor Handschellen angelegt hatte. Aus Angst vor Drohungen und weiteren Demütigungen, hielt ich lieber meinen Mund.
Gegen sieben Uhr in der Frühe fuhren wir dann los. Eine Fahrt in Richtung Hölle und Ungewissheit. Mehrere Stunden dauerte die Fahrt. Ich bekam nichts zu essen und zu trinken. Austreten durfte ich auch nicht. Es war für mich eine unendlich lange Fahrt. Und dann immer wieder die bedrohlichen Bemerkungen der Beamten. Wenn das meiner wäre, den würde ich. Eine Mischung von totschlagen, Steinbruch und einsperren. Früher hatte man ja noch ganz andere Möglichkeiten meinte der Fahrer, da wurde mit solchen missratenen Strolchen wie dir kurzen Prozess gemacht. Ich kam mir vor wie ein Schwerverbrecher, der übelste Dinge getan hatte und nun weggesperrt wird. An den Verkehrsschildern konnte ich mich etwas orientieren. Es ging in Richtung Krefeld und Mönchengladbach, dann weiter Richtung Viersen. Als wir durch Viersen fuhren, las ich auf einem Schild:

Jugenderziehungsheim Viersen Süchteln.

Nun war mir klar, wohin man mich brachte. Dass ich hier nicht so schnell wieder raus komme, ahnte ich jetzt schon.
Es war der Beginn eines langen und schweren Leidensweges, der mein zukünftiges Leben dauerhaft prägen sollte.

Das Heim

Auf dem Gelände sah ich Kinder und Jugendliche, alle waren kahlgeschoren und hatten blaue Arbeitskleidung an.
Das Heim bestand zum Teil aus mehreren Werkstätten. Als ich vor dem Hauptgebäude ausstieg, nahm man mir endlich die Handschellen ab. Nun wurde ich gegen Unterschrift, wie eine bestellte Ware dem Direktor ausgeliefert. Er war ein ekelhafter Typ, und zeigte sich unglaublich arrogant. Ich musste mich auf ein winzig kleines Fußbänkchen, dass vielleicht fünf Zentimeter hoch war, genau vor ihn setzen. Er saß erhaben in einem großen ledernen Schreibtischsessel. Dieses überhebliche Getue, sollte wohl seine Überlegenheit zum Ausdruck bringen. Ständig musste ich aufstehen und mich wieder hinsetzen. Das ging ungefähr zehn mal so.
Was meinen wir denn, warum wir hier sind, fragte er mich. Ich antwortete ihm, dass ich das nicht wüsste. Ich habe doch nichts verbrochen. Auf meine Antwort bekam ich von ihm eine schallende Ohrfeige, dass ich gleich neben dem kleinen Fuß-

bänkchen landete. Dann werde ich unserem Gedächtnis mal etwas nachhelfen, sagte er grinsend.
Du treibst dich schon mit 13 Jahren nächtelang mit einem Mann herum, und übernachtest bei dem. Hast du mit dem was gehabt? Nein, sagte ich. Herbert ist ein guter und hilfsbereiter Freund. Schon wieder versetzte er mir eine schallende Ohrfeige, und meine Nase blutete. Für jede Lüge bekommst du jetzt eine Ohrfeige von mir, brüllte er. Wir werden dir hier Zucht und Ordnung beibringen, darauf kannst du dich verlassen. Jegliche Kontakte außerhalb des Heimes werden ab sofort unterbunden, damit das klar ist.
Er hat mir die Aussagen meiner Mutter genau und deutlich vorgelesen. Ihre Aussagen steckten voller Lügen, Intrigen und Gemeinheiten. Ich konnte es nicht glauben, was sie alles bei der Fürsorge über mich erzählt hatte. Sie wollte mich unbedingt los werden. Das hatte sie nun geschafft, nun war sie mich endlich los. Jetzt war ich in einer völlig ausweglosen Situation, total ausgeliefert. Der Direktor klärte mich noch darüber auf, dass mein Freier, wie er meinte, schon hinter Gittern sitzt. Wir werden im Laufe der kommenden Jahre, ein anständiges Glied der Gesellschaft aus dir machen. Wenn du dich hier gut führst, bekommst du alle sechs Wochen einen halben Tag Ausgang. Allerdings erst in einem halben Jahr. Jetzt musst du dich erst einmal eingewöhnen und lernen, dich hier unterzuordnen. Hier kannst du nicht den wilden Affen spielen, wie bei deiner Mutter. Du wirst hier von Früh bis spät hart arbeiten, und zwar unter stän-

diger strenger Aufsicht. **Schulunterricht gibt es hier im Heim nicht. Wir brauchen hier im Heim tüchtige und flinke Arbeitskräfte, keine schlauen Gelehrten**, meinte er.
Dann griff er zu Telefon und rief meinen Gruppenleiter Herrn B. zu sich. Als ich diesen Mann sah, wusste ich, das hat nichts Gutes zu bedeuten. Sofort brachte er mich dann auf die Gruppe 1. Was ich dann erlebte, war ein wahrer Horrortrip.

Die Aufnahmegruppe

Auf der Gruppe 1, waren die sogenannten schweren Fälle untergebracht. Die übelsten Gestalten, die man sich nur vorstellen konnte. Alle Türen waren verschlossen und dicke Panzerscheiben in den Fenstern. Alle waren fast kahlgeschoren und trugen blaue Heimkleidung. Sie hatten Holzschuhe an, die viel zu groß waren. Die unbequemen Schuhe sollten ein Entweichen verhindern.
Der Erzieher stellte mich den anderen vor. Er gab als Einweisungsgrund an, dass ich ein Professioneller Stricher sei. Das war das hier allerschlimmste. Ich war jetzt der Prügelknabe in der Gruppe. So sehr ich auch versuchte alles zu dementieren, es glaubte mir keiner. Was der Erzieher sagte, war Gesetz. Was in den Akten steht, ist immer richtig und wahrheitsgemäß. Unsere Justiz und das Jugendamt, irren sich nicht. Willst du deine Mutter auch noch als Lügnerin hinstellen, fragte er? Dieser

Mann als Gruppenleiter, konnte ja nur in einer Katastrophe enden.

Geschunden und erniedrigt.

Der Gruppensprecher meinte nun, dass er mit mir den Aufnahmedurchgang machen wird. Alle lachten, das musste wohl was ganz schlimmes sein. Ich wusste nicht, was damit gemeint war. Aber ich sollte das bald am eigenen Leibe erfahren. Ich wurde in einen Keller geführt. Dann musste mich vor der gesamtem Gruppe nackt ausziehen. Anschließend wurde mir das Kopfhaar mit einer uralten mechanischen Haarschneidemaschine abrasiert. Diese Schikane wurde mit allen Neuzugängen gemacht. Jeder Neuankömmling sollte sofort zu spüren bekommen, wo er hier ist, und wer er jetzt ist.
Das war eine wahre Freude für die anderen. Ich hatte längere Haare, wie es der damaligen Mode entsprach. Der völlige Kahlschnitt war sehr unangenehm. Es tat sehr weh, weil es mit äußerster Brutalität gemacht wurde. Meine Kopfhaut hatte Risse, ich blutete. Anschließend wurde ich mit einem weißen Desinfektionspulver überworfen. Besonders schlimm brannte das Zeug auf der frisch rasierten Kopfhaut. Die Desinfektion meines Körpers war reine Schikane. Ich war sauber und gepflegt. Es gab überhaupt keinen Grund.
Diese Desinfektionsmethode gab es auch im Dritten Reich. Sie wurde in Konzentrationslagern zur

Entlausung angewendet. Das habe ich mehrfach im Fernsehen gesehen. Erstaunlich, wie man sich doch an alte Sitten und Bräuche hielt. Sitte und Ordnung, statt Schuld und Verantwortung. Alle Erzieher hatten ihr menschenverachtendes Wissen in der Zeit des Nationalsozialismus erlernt. Das Gedankengut aus dieser Zeit, steckte noch voll in ihren Köpfen. Ihre erlernte Vorstellung von Zucht und Ordnung, praktizierten sie hier täglich. Es war ihnen wohl überhaupt nicht bewusst, dass wir Schutzbefohlene Kinder waren.
Nach ein paar Minuten, konnte ich das weiße Pulver abduschen. Meine Haut brannte wie Feuer und war gerötet. Ich hatte auch etwas von dem Zeug in die Augen bekommen und sah alles nur noch im Nebelschleier.
Dann kam der Gruppenleiter und meinte, dass ich so besser aussehen würde. Er machte über mein Geschlechtsteil dumme und beleidigende Bemerkungen. Das war so entwürdigend und so schamverletzend, dass ich bis heute noch nicht darüber reden kann. Alles geschah vor der gesamten Gruppe. Schallendes Gelächter und dumme Bemerkungen der Gruppenmitglieder, waren die Folge. Ich wurde total erniedrigt und bis auf den Grund entwürdigt. Wenn der Gruppenleiter dumme oder beleidigende Bemerkungen über jemanden machte, lachten alle. Sie mussten lachen, damit sie nicht in Ungnade fielen.
Es war im Heim so Brauch, dass man dem Neuankömmling Streiche spielte, zum Beispiel ins Bett urinierte. Ich habe die ersten Tage auf einer feuch-

ten Matratze schlafen müssen. Ich wurde auch im Schlaf mehrmals körperlich angegriffen. Es waren unvorstellbare Zustände in diesem Heim, ich habe oft an Selbstmord gedacht.

Erzwungene Kinderarbeit

Sofort wurde mir ein Arbeitsplatz zugewiesen. Die erste Zeit musste ich unter freiem Himmel, egal bei welchem Wetter, schmiedeeiserne Zäune und Gitter mit einer Drahtbürste vom Rost befreien. Das war eine ekelhafte Arbeit, weil es hierfür keine Schutzhandschuhe, oder eine Schutzbrille gab. Ständig hatte ich die kleinen Rostpartikel in der Nase, im Mund und in den Augen. Bereits am ersten Abend hatte ich die Hände voller Blasen, die am nächsten Tag aufgegangen sind. Das arbeiten mit den kaputten Händen war sehr schmerzhaft.
Kurze Zeit später tauchten plötzlich stapelweise alte Fenster und Türen auf, die abgebeizt werden mussten. Die Chemikalie hat entsetzlich an den offenen Stellen an den Händen gebrannt. Bei der Arbeit ist mir eine Scheibe zu Bruch gegangen und es gab mörderischen Ärger. Die Aufsicht meinte, dass er das dieses mal noch durchgehen ließe, aber beim nächsten Scheibenbruch „knallt“ es.
Die tägliche Bedrohung und Unterdrückung traf alle Kinder und Jugendlichen, egal in welcher Richtung. Die grenzenlose Willkür der Erzieher, ließ jeden Widerspruch schon im Keim ersticken.

Meistens waren es nur die Neuzugänge, die es wagten, sich beim Direktor zu beschweren.

Montage im Akkord

Und dann war da diese anstrengende Akkordarbeit. Viele Monate habe ich diese Montagearbeit gemacht. Ständig lief ein Aufseher um den großen Tisch herum und passte auf, dass keiner Fehler machte. Wenn er hinter mir stehen blieb, hatte ich immer entsetzliche Angst. Wenn er einen Fehler entdeckte, schlug er manchmal aus dem Hinterhalt mit einem Rohrstock auf den Rücken ein.
Es ist ein großer Unterschied, ob man eine Gefahr auf sich zukommen sieht, oder aus dem Hinterhalt angegriffen wird. Wenn ich geschlagen wurde, konnte ich mich gar nicht mehr konzentrieren. Ich war dann völlig durcheinander und verunsichert. Einige Montagearbeiten waren nicht so einfach, die wurden uns auch nicht immer ausreichend erklärt.
Ich erinnere mich noch ganz genau an große Leiterplatten, auf denen verschiedene Bauteile aufgelötet werden mussten. Das war eine richtige Fummelarbeit. Eine Lupe war nicht vorhanden. Ich hatte auf mehreren Leiterplatten die Teile falsch aufgelötet, die nicht einmal Pfenniggröße hatten. Dafür habe ich zehn Schläge mit dem Rohrstock auf den Rücken bekommen. Außerdem wurde mir der Lohn für den Vormittag gestrichen.
Das Streichen von Stundenlöhnen war an der Tagesordnung. Mir ist nicht ein Fall bekannt, wo am

Monatsende der volle Lohn (7,20 DM) ausgezahlt wurde. Mit dieser Methode konnte das Heim auch noch an uns sparen. Wenn man keine Fehler machte, wurden einfach welche festgestellt. Der Werkstattleiter hat immer etwas gefunden. Ihm zu widersprechen traute sich niemand. Das wäre einem Selbstmordversuch gleich gekommen. Hier konnte man nur den Mund halten, sonst hätte man die Hölle auf Erden gehabt. Hier im Heim, war ich vom ersten Tag an , wie lebendig begraben

Teuere Briefe

Einmal in der Woche durften wir einen Brief schreiben. Einen frankierten Briefumschlag und Papier, konnte man beim Erzieher kaufen. Ein Brief war Luxus, weil er fünfzig Pfennig kostete. Das bedeutete, dass ich für einen Brief ungefähr DREIZEHN Stunden auf dem Feld, oder in der Werkstatt arbeiten musste. Ich habe meiner Mutter viele Briefe geschrieben, aber sie hat nie geantwortet. Auch Herbert habe ich viele Briefe geschrieben, hatte ihm stets die Zustände im Heim geschildert. In jedem Brief hatte ich ihn auch gebeten, mich hier raus zu holen, weil ich es hier nicht mehr länger aushalte. Auch von ihm, bekam ich nie eine Antwort. Auf alle Briefe, auch an andere Freunde und Bekannte, erhielt ich nie eine Antwort. Es war so mühsam, bis man das Geld für einen Brief erarbeitet hatte, aber es war alles umsonst. Wenn ich den Erzieher nach Post fragte, wurde ich nur mitleidig angelächelt. Wer will denn mit dir noch etwas zu tun haben, die sind doch alle froh, weil du endlich weg bist, hörte ich dann. Nach ein paar Monaten habe ich dann nicht mehr nach Post gefragt, weil ich immer eine dumme Antwort bekam. Nach einiger Zeit glaubte ich nun selber daran, dass die Erzieher mir die Wahrheit gesagt hatten. Ich musste wohl der schlechteste Mensch auf dieser Welt sein.

Eine große Gemeinheit

Während meiner gesamten Heimzeit, habe ich nur einmal ein Paket bekommen. Meine Freude war sehr groß, weil ich an diesem Tag Geburtstag hatte. Es hatte nun doch jemand an mich gedacht. Das Paket war von Herbert. Der Erzieher hatte das Paket schon geöffnet und den Inhalt kontrolliert, als er mich in sein Büro rief. In dem Paket waren viele Tüten mit Süßigkeiten, wie Bonbons, Schokolade, Kekse und Schokoriegel, aber kein Brief oder eine Karte dabei. Ich stellte das Paket schnell in meinen Schrank, da ich sofort wieder in die Werkstatt gehen musste. Als ich am Abend in meinen Schrank sah, stand nur noch der leere Karton da. Man hatte mir die Süßigkeiten restlos gestohlen, aber keiner wollte etwas gesehen haben. Das hat mich unbeschreiblich verletzt und traurig gemacht. Der Erzieher hat nichts unternommen. Er meinte, dass ich nicht so empfindlich sein sollte. Demnächst sollte ich besser auf meine Sachen aufpassen, außerdem wären Süßigkeiten schädlich für die Zähne.

Was soll das sein?

Jeden zweiten Mittwoch konnten wir für drei Stunden in die Modellierwerkstatt gehen, um dort etwas zu basteln.
Einige Kinder haben etwas aus Holz geschnitzt, andere aus Ton eine Schale geformt, die dann auch gebrannt werden sollte.
Ich habe mich an einer kleinen Obstschale aus Ton versucht, die eine ovale Form bekommen sollte. Ständig lief die Aufsicht umher und verteilte drohende Ratschläge. Die Ratschläge wurden so erteilt, dass man nichts mehr aus eigener Vorstellung herstellen konnte. Als er merkte, dass ich mich an meine Vorstellung hielt, wurde er böse.
Du bist hier in einer Erziehungsanstalt und nicht im Kindergarten, sagte er. Dann riss er wütend mein Werkstück von der Tischplatte, und warf es mir vor die Füße.
Dieses Verhalten hat wieder einmal deutlich gezeigt, dass der Mensch dort gebrochen, kaputt gemacht werden sollte. Der Brennofen war übrigens nie in Betrieb. Als wir uns den Ofen in einem unbeobachteten Moment näher ansahen, stellten wir fest, dass die elektrische Zuleitung, die aus vielen dicken Kabeln bestand, abgetrennt war. Tonarbeiten die in der Vorstunde angefangen wurden, fanden wir später zerbrochen vor, oder waren

einfach nicht mehr da. Warum hat man uns so an der Nase herum geführt? Das war doch blanker Psychoterror.

Pfarrer Wichters

Einmal in der Woche kam Pfarrer Wichters in das Heim. Er ging durch die Zimmer und wollte mit jedem Kind unter vier Augen sprechen. Er stellte immer die gleichen Fragen. Es gab zwei Standardfragen. Ob jemand Fluchtpläne geäußert hat, und wer das sei. Die zweite Frage war, ob wir unkeusch waren. Manche Kinder haben ihm alles erzählt, denn er hatte eine ganz fiese Art jemand in die Mangel zu nehmen

Alles was man dem frommen Gottesmann anvertraut oder gebeichtet (!) hatte, wussten die Erzieher sofort. Als der Pfarrer mit allen Kindern gesprochen hatte, ging er sofort in das Büro des Erziehers. Einmal habe ich an der Türe gehorcht.

Er hat dem Erzieher nahezu wortwörtlich erzählt, was ihm die Kinder unter dem Mantel der Verschwiegenheit gebeichtet (!) hatten.

Ich habe diesem Mann nie über den Weg getraut, ich habe ihm nie etwas bedeutendes erzählt. Obwohl er ständig damit prahlte, dass der liebe Gott sowieso alles sieht und weis, haben ihm die Meisten Kinder misstraut.

Einkäufe im Heim

Für den wenigen Lohn kaufte ich mir immer die gleichen Dinge. Richtige Seife, (im Heim gab es nur stinkende Kernseife) Briefmarken, Deospray und Taschentücher. Für den Rest, kaufte ich mir eine Tüte Fruchtbonbons. In einer Tüte waren immer 25 Stück. Eine Tüte Bonbons war etwas sehr Wertvolles und man musste aufpassen, dass die nicht geklaut wurde. Jeden Tag 3 Bonbons, dann hat die Tüte 8 Tage ausgereicht. Manchmal habe ich auch ein Bonbon verschenkt. Dass kam aber recht selten vor.

Stell dich nicht so an

Da ich von frühester Kindheit an einen Wirbelsäulenschaden habe, fielen mir einige Arbeiten besonders schwer. Bei der harten Feldarbeit hatte ich immer starke Rückenschmerzen, aber Medikamente bekam ich nicht. Stell dich nicht so an, hieß es dann. Du willst dich doch nur vor der Arbeit drücken. Auf den alten Trick, fallen wir hier schon lange nicht mehr rein. Jetzt halte deinen Mund und mache deine Arbeit, hieß es dann.

Die schwere Arbeit auf den Feldern

Die Bauern waren brutale Menschenschinder. Sie trieben uns bei der schweren Arbeit an, wie Vieh.

Für die drei Mark, die sie an das Heim pro Kind und Stunde zahlten, betrachteten sie uns als ihre Leibeigenen. So sind die auch täglich mit uns umgegangen. Los, los, los, schneller, schneller. Schlaft bloß nicht ein ihr faulen Hunde, Zeit ist Geld. Einige Kinder sind sogar geschlagen worden. Sie sind geschlagen worden, weil sie entwicklungsbedingt und kräftemäßig noch nicht in der Lage waren, den enormen Anforderungen ihrer Peiniger nachzukommen.
Diese Bauern hasse ich noch heute. Mögen sie in der Hölle schmoren!!!
Ich erinnere mich an eine Kartoffelernte in sengender Mittagssonne. Jeder bekam ein großes Stück Feld abgesteckt, dass war zirka sieben Meter lang. Der Bauer fuhr mit seinem Auswurfpflug so schnell, dass wir mit dem Einsammeln der Kartoffeln einfach nicht nachkommen konnten. Dann wieder die üblichen Beschimpfungen als faule Hunde und missratene Strolche. Das war eine unglaubliche Schinderei. Einige Kinder sind vor Erschöpfung zusammengebrochen, sie wurden übel beschimpft, ausgewechselt und bekamen weniger Lohn.
In den wenigen und kurzen Pausen, gab es daumendick geschnittenes Brot, dass hauchdünn mit Marmelade bekratzt war. Der Bauer saß im Schatten auf seinem Traktor und verzehrte provozierend ein Kotelett nach dem anderen. Den abgenagten Knochen warf er ins Feld, worauf sich einige Kinder wie die Hunde darauf stürzten. Dieses tiefe Verachtungszeugnis, werde ich in meinem ganzen

Leben nie wieder vergessen. Der miese Kerl hatte seine sadistische Freude daran.
Am Abend wurden wir auf einem offenen Hänger wieder in das Heim gefahren. Als wir durch das kleine Dorf kamen, haben die Leute im Ort böse und beleidigende Bemerkungen gemacht. Wir waren in ihren Augen nur schlimme Verbrecher. Am nächsten Morgen, wurden wir dann um 7 Uhr wieder vom Bauern abgeholt. Das ging so lange, bis es auf den Feldern keine Arbeit mehr gab. Im Winter wurde in den Werkstätten gearbeitet.

Die Heimküche

Zirka ein halbes Jahr, habe ich auch in der Heimküche arbeiten müssen. Hier war ich nur für die schwere Arbeit zuständig. Drei bis viermal am Tag, durfte ich die riesigen Dampfkochkessel ausscheuern. Das war eine höllische Arbeit, zumal das mit heißem Wasser und Scheuersand gemacht werden musste. Ich musste mich kopfüber in die oft noch heißen Kessel beugen, damit ich an den Boden kam. Wenn Milch oder Pudding gekocht wurde, bildete sich am Boden immer ein brauner, fest angebrannter Bodensatz, der nur schwer zu entfernen war. Und dann war da dieses ständige Antreiben. Los, schnell, ich brauche den Kessel. Aber ich hatte nur zwei Hände. Vor den Kochkesseln war eine große Abflussrinne. Die musste ich jeden Tag ich mit einer Wurzelbürste ausscheuern, alles auf den Knien.

Der Direktor hatte der Küchenleiterin erzählt, dass ich ihn beleidigt hatte, aus diesem Grund hatte ich es hier besonders schwer. Die Küchenleiterin Frau H. war eine spindeldürre alte Jungfer. Die Alte hatte jeden Tag etwas an mir zu bemängeln.
Sie hat mir fast jeden Tag noch zusätzliche Aufgaben erteilt. Das Küchenpersonal hatte einen riesigen Respekt vor der Frau, ich habe sie nicht weiter ernst genommen. Wenn ich sie sah, musste ich oft Schmunzeln. Sie sah aus, wie der Suppenkaspar am vorletzten Tag. Wenn sie mich wieder in der Mangel hatte, habe ich meistens gar nicht richtig zugehört. Ich habe mir im Hintergrund quietschende Geigenmusik vorgestellt. So, wie bei der Spinne Thekla aus der Biene Maja.
Hinter der großen Kochküche, war die Spülküche. Das war mein eigentlicher Arbeitsplatz. Eine Spülmaschine für die großen Kochtöpfe gab es nicht. Jeden Tag musste ich Berge von schmutzigen Töpfen ausscheuern.
Wenn die Küche am späten Nachmittag geschlossen wurde, begann für mich die Meiste Arbeit. Ich musste alle Gegenstände hochstellen. Anschließend musste ich die Küche mit Scheuerpulver und einem Schrubber gründlichst reinigen. Die Arbeit wurde streng kontrolliert. Sauberkeit war das oberste Gebot in der Küche.
Es ist mir mehrfach aufgefallen, dass die Küchenleiterin heimlich etwas aus einem braunen Glas mit schwarzem Schraubdeckel in das Essen gemischt hat. Das Glas hatte sie in einem Schrank in ihrem Büro stets sorgfältig eingeschlossen. Wenn sie da-

mit in die Küche kam, hatte sie ein Küchenhandtuch um das Glas gewickelt, weil es keiner sehen sollte. Es war Hengolin, ein Potenztötendes Mittel.

Ich musste auch öfters etwas in den Keller bringen. Dort befanden sich die Vorratsräume. Das war immer die Gelegenheit, mir den Bauch zu füllen. Zweimal wurde ich dabei erwischt, aber das Personal hat nicht gepetzt. Sie wussten es ja am besten, wie wenig es zu essen gab. Während ich für zirka 70 Personen Kartoffeln schälen musste, sammelte sich das schmutzige Küchenmaterial zu Bergen an. Es war eine richtige Knochenarbeit. Eines Tages habe ich die Arbeit in der Küche verweigert, weil es mir kräftemäßig zu viel wurde. Ich habe das einfach nicht mehr geschafft. Zuerst gab es ein großes Theater, aber dann konnte ich doch wieder in die Montagegruppe zurück.
Weil ich so wütend auf das Küchenpersonal war, habe ich überall erzählt, dass es in der Küche Käfer, dicke Würmer und Mäuse gibt. Außerdem bohrten sie sich ständig beim Kochen in der Nase und kratzten sich überall. Einige haben mir das sogar geglaubt, und ich habe meinen Spaß daran gehabt. Es dauerte aber nicht lange, bis meine Gerüchte beim Erzieher landeten. Ich musste mich bei allen Mitarbeitern in der Küche entschuldigen. Die Küchenleiterin hielt mir eine lange Standpauke. Meine Gerüchte hielten sich aber lange Zeit, da ich diese immer wieder auffrischte.

Jeder Tag beginnt mit Angst

Um 6 Uhr wurden wir mit einer schrillen Trillerpfeife geweckt. Außer Sonntags, ging das die ganze Woche so. Der Erzieher ging durch die Zimmer und scheuchte uns aus den Betten. Wir mussten mit einem lautstarken „Guten Morgen Herr Bockelmann“ antworten.

War ihm das nicht laut genug, noch einmal von vorne.

Von 6 Uhr bis 6.20 Uhr durfte der Waschraum benutzt werden. Unter der Dusche wurden wir ständig beobachtet, damit wir keine „Schweinereien“ anstellten. Dieses ständige Begaffen beim Duschen, hat mich sehr gestört.

6.30 Uhr bis 6.45 Uhr war Frühstück. Jeden Morgen gab es das ekelhafte, alte und pappige Brot. Die ewige Vierfruchtmarmelade, konnte ich auch nicht mehr sehen.

Dann runter in den Umkleideraum, sofort die Arbeitsklamotten anziehen. Bevor wir den Umkleideraum verlassen konnten, wurden Stichproben gemacht. Es wurden mehrere Kinder kontrolliert, ob sie private Kleidung unter den Arbeitsklamotten hatten. Wenn einer dabei erwischt wurde, kam der Verdacht auf, dass er entweichen wollte.

Punkt 7.00 Uhr, war Arbeitsbeginn in den Werkstätten. Der Werkstattleiter teilte das Werkzeug aus, für das jeder verantwortlich war. Dann wurde bis zur Pause um 10.00 Uhr stillschweigend geschraubt, gelötet, montiert, gehämmert und gefeilt.

Es war streng verboten bei der Arbeit zu sprechen. Wurde jemand beim Tuscheln erwischt, wurde er verwarnt. Kam das noch mal vor, wurde eine Stunde vom Lohn abgezogen. Außerdem musste derjenige laut sagen, worüber er geredet hat. Es herrschte absolute Kontrolle über uns. Ein Gang zur Toilette war während der Arbeitszeit nicht gestattet. Dazu waren die Pausen da, und wir mussten so lange einhalten. Um 12.00 Uhr, war Mittagspause bis um 13.30 Uhr.

Danach wieder in die Werkstätten bis um 17.30 Uhr.

Manche Arbeiten waren stinklangweilig. Ich habe wochenlang Lüsterklemmen zusammengebaut. In die Kunststoffhülsen musste man die Schraubschienen einpressen. Dann musste man die vielen Schrauben eindrehen. Alles in Handarbeit, denn einen elektrischen Schraubendreher gab es nicht. Anschließend wurden die Lüsterklemmen zu 50 Stangen/Stück, in einen grauen Karton verpackt. Auf den Kartons war ein Aufkleber mit der Abkürzung EGH Köln.

Egal was wir montiert haben, wir haben fast nie erfahren für welche Firmen wir arbeiten. Diesbezügliche Fragen, hat sich das Personal energisch verbeten. Einmal hatte der Werkstattleiter einen Lieferschein verloren. Keiner hat etwas gesagt, wir haben alle dicht gehalten. Einer der namhaftesten Waschmaschinenhersteller hat hier im Heim Bauteile für Waschmaschinen und Geschirrspüler bearbeiten lassen. Ich möchte gerne wissen, warum

diese Geräte so teuer sind, wenn diese teilweise durch billige Kinderarbeit gefertigt wurden (!).
Dann, habe ich lange Zeit verschieden große Druckknöpfe auf Pappe knöpfen müssen. Das war eine richtig schwierige Fummelarbeit. Diese Firma gibt es heute noch. Auf Grund der geringen Größenunterschiede der Druckknöpfe, musste man sich sehr konzentrieren. Machte jemand Fehler, tanzte der Rohrstock.
Einige Zeit habe ich auch Rasierapparate zusammen gebaut. Einige Monate später dann Thermostate für Bügeleisen montiert.
Mehrere Wochen habe ich auch Kugelschreiber zusammengebaut. Abends wurden wir dann stichprobenartig durchsucht, ob wir einen Kugelschreiber eingesteckt hatten. Kugelschreiber waren im Heim Mangelware. Man hat sich immer einen geliehen, wenn man einen Brief schreiben wollte.
Das Heim hat sich ganz schön an uns bereichert. Ich hätte gerne einmal erfahren, was die einzelnen Firmen für eine Montagestunde, an den Heimträger gezahlt haben.

Abendgedanken

Wenn der Tag dann zu ende war und nichts Aufregendes passierte, war ich froh. Aber was, was wird morgen sein?
Wieder gehe ich mit der Furcht vor dem nächsten Tag ins Bett. Viele Kinder haben in der Nacht

heimlich geweint. Irgendwie waren sie alle einsam, verlassen und am Boden zerstört.
Was wird morgen sein? Hoffentlich schlägt mich niemand.
Hoffentlich mache ich keine Fehler. Vielleicht bekomme ich Post. Hoffentlich geht alles gut.
Gute Nacht.

Hackordnung und Intrigen

Eine Gruppe bestand aus zirka 25 Jugendlichen. Es gab die Starken und die schwachen. Die großen setzten sich mit ihrer Kraft durch, die kleinen hatten sich unterzuordnen. Unter den großen, entstanden oft Rangeleien um die Machtposition. Die kleinen hatten dem Ranghöchsten zu folgen.
Jedem wurden Streiche gespielt, die manchmal sehr brutal waren. Die Kinder konnten ihre angezüchteten Aggressionen nicht abbauen, da sie sich nicht gegen ihre brutalen Peiniger wehren konnten. Sie mussten alles einstecken und das hatte seine Folgen. Deshalb haben sich einige von ihnen gegenseitig das Leben zur Hölle gemacht. Einer war immer der Prügelknabe. Das ging so kreuz und quer durch die Zimmer.
Freundschaften innerhalb einer Gruppe, wurde nicht gerne gesehen. Selbst in der eigenen Gruppe gab es Spione. Sie wurden vom Erzieher beauftragt, Augen und Ohren offen zu halten. Sie informierten ihren Auftraggeber über Gespräche, die wir über das Personal geführt hatten. Vorsicht und Miss-

trauen gegen jedermann, war oberstes Gebot. Die völlige Kontrolle war allgegenwärtig.
Bei einer überraschenden Schrankkontrolle, fand der Erzieher in meinem Schrank Esswaren. Das war strengstens verboten. Die Esswaren hatte ich aus der Küche mitgebracht, weil ich abends immer Hunger hatte. Zum Abendessen gab es meistens nur zwei Scheiben Brot, dass war wenig. Es gab ja immer nur kleine Scheiben, weil nur die Endstücke der Brote an das Heim geliefert wurden. Das Mittelteil wurde zu Scheibenbrot verarbeitet. Die gesamte Gruppe musste daraufhin zur Kontrolle alle Schränke ausräumen. Die Rache der Gruppe war mir sicher, zumal gerade die Hitparade im ZDF lief.

Zwei Tage später, wurde ich zum Gruppenleiter ins Büro gerufen. Ich hätte die Wände im Flur mit schwarzer Schuhcreme beschmiert. Das habe ich nicht gemacht, sagte ich. Das haben mehrere gesehen, behauptete er.
Der Erzieher hat mich nicht geschlagen, aber an seinem Gesichtsausdruck konnte ich erkennen, dass er wütend war und mir etwas unangenehmes bevorstand. Eine Stunde später, steckte er mich in die Dunkelzelle. Hier musste ich die ganze Nacht verbringen. In der Dunkelzelle gab es keinen Heizkörper. Ich habe sehr gefroren, da ich nur einen Schlafanzug anhatte.
Am nächsten Morgen habe ich dann die Strafe erfahren.

Mit einer Zahnbürste, musste ich den über 20 Meter langen Flur in gebückter Haltung putzen.
Alle Unschuldsbeteuerungen halfen nichts, ich musste mit der Arbeit beginnen. Die Gruppenmitglieder zeigten hämisch ihre Freude. Sie hatten das Intrigenspiel gegen mich gewonnen. Dem Erzieher und der Gruppe habe ich lautstark Rache geschworen, weil ich mich so ungerecht behandelt fühlte. Innerlich war ich total verzweifelt, habe mir aber nichts anmerken lassen.
Als ich nach wenigen Metern unter stärksten Rückenschmerzen zusammenbrach, hat der Erzieher so auf mich eingetreten, dass ich einige Zeit später überall blaue Flecken hatte. Dann sperrte er mich in die Dunkelzelle. Durch die Tritte in die Rippen, bekam ich nur schwer Luft. Ich lag am Boden, und konnte aus eigener Kraft nicht aufstehen. Erst am nächsten Morgen, hat mich dann einer auf die Pritsche gezogen. Mir tat alles weh.
Plötzlich tauchte der Direktor in meiner Zelle auf, und beschimpfte mich übelst wegen der Schmierereien im Flur. Da ich kaum richtig atmen konnte, hatte ich Schwierigkeiten mit dem Sprechen. Trotzdem habe ich ihm gesagt, dass er hier schleunigst verschwinden soll. Darauf bekam ich von ihm zwei schallende Ohrfeigen und obendrein noch zehn Tage Dunkelzelle zusätzlich. So etwas hätte noch niemand zu ihm gesagt. Die unmenschliche Strafe wurde konsequent vollzogen. 10 Tage Dunkelheit, 10 Tage nur Wasser und trockenes Brot. Niemand durfte beim Betreten der Zelle mit mir sprechen. Ich habe oft an Selbstmord gedacht, aber wie sollte

ich das anfangen? Hätte ich eine Möglichkeit gehabt, hätte ich mich am Türrahmen erhängt. Irgendwann kommt der Zeitpunkt, an dem man sich völlig aufgibt. Ich habe diese Bestrafung als sehr schlimm empfunden, weil ich überhaupt nichts verbrochen hatte.

In der Dunkelzelle wurde ich wie ein Stück Vieh gehalten. Es fehlte nur noch das Stroh auf dem Boden. Ich fühlte mich wie so oft, lebendig begraben.

Meine Rachegefühl stieg ins unermessliche. Einige Gruppenmitglieder gingen mir sogar aus dem Weg. Sie merkten, wie aggressiv ich war. Der Lohn für eine Woche, wurde mir dann zusätzlich auch noch gestrichen. Die seelische Not war unbeschreiblich groß. Niemand der mich verteidigte, niemand, der mal ein freundliches Wort sagte. Während des Heimaufenthaltes habe ich nie so etwas Zuneigung gespürt, nach der ich mich so sehr gesehnt hatte. Es verging kein ein Tag, an dem man nicht mit irgendwelchen Gemeinheiten oder Rohheiten konfrontiert wurde. Wenn man keine Menschlichkeit erfährt, geht man ein, wie eine Pflanze die nicht gepflegt wird.

Der Werkstattleiter aus der Montagehalle machte sich einen Spaß daraus, die Kinder an den Ohren vom Stuhl hoch zu ziehen, oder jemand einen Arm auf den Rücken zu drehen. Das hat alles sehr weh getan. Wenn auf Grund der Erniedrigung oder der Schmerzen jemand geweint hat, wurde er ausgelacht und als Weichling beschimpft. Der Mensch der für die gärtnerischen Dinge zuständig war, erfreute sich daran, die Kinder im Entengang über das Gelände kriechen zu lassen. Am nächsten Tag hatte man von seinen sadistischen Schindereien einen schlimmen Muskelkater. Von den Schikanen die an der Tagesordnung waren, könnte ich noch vieles schreiben. Manchmal gingen diese Erniedrigungen so weit, dass ein Kind tagelang im Krankenzimmer lag. Die innerliche Verrohung schritt von Monat zu Monat weiter fort. Selbst aus den friedfertigsten und fröhlichsten Kindern und Jugendlichen, wurden mit der Zeit eiskalte und verrohte Menschen geformt.

Als ich die zehn Tage in der Dunkelzelle abgesessen hatte, war ich ein halbtoter Mensch. Ich musste erst wieder etwas Laufen lernen, da die Zelle nur so winzig klein war. Die Besinnungszelle war zwei mal drei Meter klein. Der Direktor hatte mich fortan ganz besonders im Auge. Er hetzte das gesamte Personal gegen mich auf. Dadurch habe ich es ganz schön schwer gehabt. Ich musste jeden Tag die Werkstatt ausfegen, den Müll wegbringen und alle Drecksarbeit machen. Am Sonntag musste ich in meiner Freizeit auf dem Gelände Laub harken oder die Wege fegen. Die haben mir das Leben zur Hölle gemacht. Für die zehn Tage Dunkelzelle, wollte ich mich an ihm rächen. Aber es kam ja alles ganz anders.

Fluchtversuche

Ab und zu kam es vor, dass ein Heiminsasse abgehauen war. Das sogenannte Entweichen. Das war das absolut Schlimmste, was man im Heim anstellen konnte. Meistens sind die entwichenen aber schon nach ein paar Stunden wieder im Heim gewesen, da sie kein Geld hatten. Außerdem sind alle sofort an ihrer Heimkleidung zu erkennen gewesen. Ich erinnere mich an Jürgen, der einen Fluchtversuch unternommen hatte. Bei der Feldarbeit war er plötzlich verschwunden. Als der Bauer das merkte, telefonierte er sofort mit dem Heim. Jürgen war schon mehrfach ausgerissen. Er wollte immer nur NACH HAUSE. Der Erzieher machte sich mit seinem Auto auf den Weg, Jürgen so schnell wie möglich wieder einzufangen, was ihm aber nicht gelang. Inzwischen war es schon dunkel geworden. Jürgen hatte es bis zur Landstraße nach Krefeld geschafft, das war die nächste größere Stadt. Jemand muss ihn an der Heimkleidung erkannt haben. Ein Beobachter hat die Polizei und das Heim informiert. Jürgen hatte keine Chance mehr, er wurde wenig später festgenommen.
Die Polizei brachte ihn am späten Abend ins Heim zurück, wo der Erzieher schon wütend auf ihn wartete. Jürgen war völlig durchnässt, und zitterte am ganzen Körper. Er wusste genau, was ihn jetzt erwartete. In Gegenwart der Polizei war der Erzieher noch freundlich. Als die Beamten weg waren, zeigte er wieder sein wahres Gesicht.

Kochend vor Wut, schleifte er Jürgen die Treppen hinunter in den Keller.

Die Schreie von Jürgen hat man trotz verschlossener Türen durch das ganze Haus gehört. Das verzweifelte Schreien, höre ich heute immer noch.

Das war ganz grauenhaft, alle verschwanden ängstlich in ihren Zimmern und waren ganz still.

Nachdem der Erzieher den Jungen total zusammengeschlagen hatte, sperrte er ihn in die Dunkelzelle. Der Erzieher hielt uns dann wieder einen Vortrag. An Jürgens Beispiel sollten wir wieder einmal erkennen, dass Fluchtversuche völlig sinnlos wären. Früher oder später, würde man jeden Ausreißer wieder einfangen. Als ein Gruppenmitglied ihm am nächsten Tag Wasser und trockenes Brot in die Zelle bringen wollte, bemerkte er, dass Jürgen aussah, als wäre er in einen blaugrünen Farbtopf gefallen. Seine Augen waren zugeschwollen und blutunterlaufen. Der ganze Körper war mit blauen Flecken übersät. Der Erzieher hatte ganze Arbeit geleistet. Da den Jungen in diesem Zustand niemand sehen durfte, blieb er in der Dunkelzelle eingesperrt. Den Eltern wurde mitgeteilt, dass Jürgen auf Grund von Verstößen gegen die Heimordnung keinen Besuch empfangen darf. Jürgen blieb zehn Tage in der Dunkelzelle. Er hat nie wieder einen Fluchtversuch unternommen, jetzt hatte man ihn endgültig gebrochen. Mit seiner Fröhlichkeit und seinem Humor, war es vorbei.

Tommy

In der Gruppe hatte ich mich mit Thomas, den wir alle kurz Tommy nannten, angefreundet. Er wohnte mit mir in einem Zimmer. Tommy war ein schmächtiger, völlig verängstigter und gegen jedermann unterwürfiger Junge. Er konnte nach einem Treppensturz nicht mehr richtig sprechen. Er stotterte und wurde deshalb ständig gehänselt. Tommys Eltern waren beide Alkoholiker. Sie haben den kleinen Tommy so sehr vernachlässigt, dass sich die Fürsorge eingeschaltet hatte. Das Jugendamt hat dann Freiwillige Erziehungshilfe für den kleinen Tommy angeordnet.

Oft stellte sich jemand von den Heimzöglingen vor ihn und imitierte sein Stottern nach. Es führte dazu, dass er immer seltener mit anderen Heiminsassen zusammenstand, damit sie ihn nicht wieder hänselten. Wir beide jedoch, hielten zusammen wie Pech und Schwefel, was uns das Leben dort etwas erleichterte. Er teilte alles mit mir, Süßigkeiten und andere Sachen, die er regelmäßig von seinen Eltern in Form eines Päckchen bekam. Tommys ganzer Stolz war ein kleines weißes Transistorradio, dass ihm seine Eltern zum Geburtstag schickten. Mit seinem Radio ging er sehr sorgsam um, um die Batterien zu schonen. Batterien gab es im Heim nicht zu kaufen. Solche und ähnliche Dinge, wie Haarwaschmittel, oder richtige Seife, konnte man beim Erzieher bestellen. Der fuhr in einem 14tägigem Abstand zu einen Großmarkt, um die Sachen zu besorgen. Vor-

aussetzung war jedoch, dass man das Geld dafür hatte. Seife und Haarwaschmittel waren heiß begehrte Artikel, da es zur Körperpflege nur alle 14 Tage ein klobiges Stück Kernseife gab. Der Samstagnachmittag war dazu da, die Zimmer zu reinigen. Ebenso die sanitären Einrichtungen, sowie die Küche in der Gruppe. Kurz auch, Putz und Flickstunde genannt. Dabei hörten wir immer die Hitparade von Radio Luxemburg und in den Charts waren die Schlager von Roy Black GANZ IN WEISS und, DAS MÄDCHEN CARINA an oberster Stelle. In den internationalen Hitlisten mein absolutes Lieblingslied All you need is Love, alles was du brauchst ist liebe.
Nach der Sendung, hat Tommy das Radio sofort wieder ausgemacht. Er hat es sorgsam in seinem Schrank eingeschlossen.
Da der kleine Tommy ständig wegen seiner Sprachbehinderung gehänselt wurde, war es unmöglich ihn in eine Arbeitsgemeinschaft einzugliedern. Aus diesem Grund wurde er mit der Aufgabe betreut, den ganzen Tag mit einem kleinen Handkarren Botengänge auf dem Heimgelände zu erledigen. Die großen Aluminiumkübel, in denen das oftmals so wenige und schlechte Essen für die einzelnen Gruppen war, waren sehr schwer. Der kleine schmächtige Junge, hatte ganz schön zu ackern. Richtig gehungert haben auch wir kleineren nicht, aber richtig satt, wurden nur die Großen. Sie haben mit ihrer Macht in der Gruppe, ihre Portionen selbst bestimmt. Den spärlichen Rest, bekamen die

kleinen. Manchmal war das so wenig, dass wir mit knurrendem Magen ins Bett gingen.
An einem heißen Sommertag musste eine Gruppe von 10 Zöglingen auf dem gesamten Heimgelände die Rasenflächen mähen. Es gab im Heim nur uralte mechanische Rasenmäher. Schon lange in der prallen Sonne arbeitend, warteten die durstigen Zöglinge auf Tommy, der ihnen eine Kanne Tee bringen sollte. Schon von Ferne riefen sie Tommy zu, dass er ein paar Schritte drauf legen sollte. Doch dann passierte ihm ein folgenreiches Missgeschick. Er stolperte mit der großen schweren Teekanne über eine im Gras liegende Harke. Der gesamte Inhalt der Kanne, ergoss sich strömend auf den Rasen.
Unter wüsten Beschimpfungen stürzten sich einige auf ihn. Sie traten ihn, und schlugen ihn mehrfach mit der Faust ins Gesicht. Neuen Tee gab es nicht, die Teerationen waren sehr knapp bemessen. Humpelnd und weinend, holte er die davon gerollte große Kanne ein. Dann zog er mit seinem Handkarren wieder in Richtung Wirtschaftsgebäude. Dort wartete noch viel Arbeit auf ihn. Die kleinen Aluminiumkisten, die spärlich mit den Lebensmitteln für das Abendessen gefüllt waren, musste er zu den einzelnen Häusern bringen.
Am Abend musste er noch Beschimpfungen, Hohn und Spott über sich ergehen lassen. Sein Stottern wurde beim Abendessen auch wieder nachgemacht, ohne das sich der Erzieher zurechtweisend einmischte. Tommys Gesicht war durch die zahlreichen Fausthiebe und Schläge angeschwollen und

seine Augen dunkelblau unterlaufen. Ein blaues Auge galt als ein unverkennbares Markenzeichen im Heim.
Die Hauptverantwortlichen wurden mit einer Woche Taschengeldentzug bestraft, und das war alles. Es hat sich immer bewahrheitet, dass die Erzieher nie nach einer vorgegebenen Richtlinie gehandelt haben. Sie haben stets nach ihren persönlichen Empfindungen, und ganz besonders nach ihren Launen gehandelt.
An diesem Abend war Tommy ganz anders wie sonst. Ich kann nicht beschreiben wie, aber irgendwo kam er mir merkwürdig vor.
Dann kam Tommy auf einmal mit einem säuberlich zusammengelegten Hemd und seinem so geliebten Transistorradio zu mir. Hier, dass schenke ich dir. Ich war völlig sprachlos. Tommy hatte mich nie verarscht. Brauch ich nicht mehr, sagte er. Ich bekomme ein viel schöneres Radio, sogar mit Kassettenteil. Meine Eltern kommen mich am Wochenende besuchen. Das Hemd hier mag ich nicht mehr. Kannst du haben, wenn du willst. Ich war total überrascht und fragte ihn, ob das wirklich sein Ernst sei, was er nochmals bejahte.
Er kramte noch eine Weile in seinem Schrank herum. Dann verließ er mit einer Tüte unter dem Arm das Zimmer.
Als Tommy den Raum verlies, schaute er mich so merkwürdig an, als wollt er mir etwas sagen. Ich sah ihn an, aber dann ging er hinaus. Ich legte das Hemd in meinen Schrank, und war fortan mit dem soeben geschenkten Radio beschäftigt. Um 21 Uhr

war Bettruhe. Als der Erzieher in unser Zimmer kam um das Licht auszulöschen, war Tommy noch immer nicht zurück.
Wir haben Tommy lange gesucht. Im Kellergeschoss lag er weinend am Boden und rief jämmerlich nach seiner Mutter.
Tommy wollte sich mit einem Gürtel erhängen, aber der Gürtel war zu kurz. Der kleine Junge, gerade mal 12 Jahre alt, war völlig am Ende. Tommy wurde einige Stunden später abgeholt und in die geschlossene Psychiatrie eingeliefert.
Da es keinen Kontakt nach draußen gab, haben wir von Tommy nie wieder etwas gehört.

Manchmal sehe ich in meinen Gedanken den kleinen Tommy noch vor mir stehen, stotternd nach einem Bonbon fragend.

Weihnachten im Heim

Das erste Weihnachtsfest im Heim war für mich grauenhaft. Bereits einen Tag vor Heiligabend, sind die meisten Kinder zu ihren Eltern gefahren.
Es gab auch Kinder die keine Eltern mehr hatten, die wurden in Gastfamilien, oder anderswo untergebracht. Da ich niemanden hatte, musste ich im Heim bleiben. So kam es, dass ich Heiligabend ganz alleine auf der Gruppe war. Der Erzieher war bei seiner Familie. Er kam nur ab und zu mal nach dem rechten schauen.

Vom Heim bekam ich ein billiges Hemd geschenkt, dass viel zu groß war. Dazu einen Pappteller, auf dem zwei Äpfel und zwei Apfelsinen waren. Obenauf ein paar trockene Kekse. Die Dinger waren so hart, dass diese bestenfalls dazu geeignet waren, einem wackelnden Möbelstück einen sicheren Stand zu geben. Die Krönung war eine Tafel Schokolade mit der Aufschrift:

Frohe Weihnachten und ein glückliches Neues Jahr
Wünscht der Landschaftsverband Rheinland.
Daneben ein Weihnachtsmann mit Glocken und Tannenbaum aufgedruckt.
Auf der Rückseite stand:

VEB Schokoladenfabrik Leipzig.
Deutsche Demokratische Republik

Warten auf Besuch

Ich hatte zum Weihnachtsfest wieder vergeblich auf Post gewartet. Niemand schien sich mehr an mich zu erinnern, niemand mehr. Nach dem Essen setzte ich mich an das große Fenster im Speisesaal. Von dort aus, konnte ich die Bushaltestelle sehen. Jede halbe Stunde kam ein Bus aus der Stadt. Ich habe jeden Bus beobachtet, denn ich wartete auf meine Mutter. Ich hatte ganz fest damit gerechnet das sie mich besuchen kommt. Ich rechnete ganz fest damit, da sie nicht geschrieben hatte.

Gegen 16 Uhr wurde es dunkel und ich konnte auf der Straße nichts mehr erkennen. Plötzlich tauchte der Erzieher auf, der schon wieder eine mächtige Alkoholfahne hatte.
Er teilte mir mit, dass meine Mutter angerufen hat. Der Erzieher soll mir einen Gruß von ihr ausrichten. Sie kann aber leider nicht kommen, weil sie so stark erkältet ist.
Ich stand wie angewurzelt vor ihm, konnte kein Wort sprechen, ich konnte das nicht glauben.
Was ich in diesem Moment empfunden habe, kann ich nicht beschreiben. Das ist nicht zu beschreiben.

Selbst der verrohte Erzieher schaute mich mitleidig an. Das hatte ihn wohl auch berührt. Warte mal, ich komme gleich wieder, sagte er. Er brachte mir ein Stück Kuchen und eine Tafel Schokolade. Weil du mir so leid tust, meinte er.
Ich setzte mich wieder an das Fenster. In einem der gegenüberliegenden Häuser, konnte ich einen erleuchteten Weihnachtsbaum sehen. In den Räumen der Gruppe, auf denen es sonst immer so lebhaft und laut zuging, war es ganz still. Ich hatte in diesem Moment das Gefühl, der einsamste Mensch auf dieser Welt zu sein. Dann habe ich mich auf mein Bett gelegt und geweint.
Ich glaube, dass ich in meinem bisherigen Leben noch nie so traurig war, wie an diesem Heiligabend 1968.

Am ersten Weihnachtstag wurde ich vom Erzieher nicht geweckt. Ich habe lange geschlafen, weil ich

fast die ganze Nacht vor Kummer nicht schlafen konnte.
Ich machte mir Hoffnung, dass ich heute ganz bestimmt Besuch bekomme. Den ganzen Tag habe ich wieder am Fenster gesessen und jeden Bus abgewartet. Einmal glaubte ich jemand erkannt zu haben, aber ich hatte mich geirrt. Gegen 18 Uhr, habe ich dann die Hoffnung aufgegeben. Am zweiten Weihnachtstag, habe ich dann nicht mehr am Fenster gestanden.
Zwischen Weihnachten und Neujahr musste ich wieder in die Werkstatt. Ich war froh dass die Feiertage vorbei waren, und ich wieder arbeiten konnte. Nun kamen die ersten Kinder wieder ins Heim zurück. Sie erzählten ausführlich von einem schönen und gemütlichen Weihnachtsfest, und zeigten ihre Geschenke. Als ich das Hemd zeigte, dass ich vom Heim bekam, haben mich alle ausgelacht. Das sind meine Erinnerungen an das Weihnachtsfest 1968 im Heim.

Schwerste Misshandlung

Das ist das letzte Kapitel aus dem Heim.
Und das schlimmste.
In dieser Woche hatte ich Tischdienst. Ich musste den Tisch decken und auch wieder abräumen.
Es war an einem Freitagabend, als ich den großen Tisch im Speisesaal abräumen wollte. Der Erzieher saß noch an der Stirnseite des Tisches und war wieder mächtig angetrunken.

Wenn er getrunken hatte, musste man ganz vorsichtig sein. Bloß jetzt nicht auffallen.
Er hatte mich wegen der Flurgeschichte noch im Visier. Meine Bemerkungen, die ich dem Direktor gegenüber gemacht hatte, hatte er nicht vergessen. Die anderen hatten sich in den Fernsehraum zurückgezogen, oder waren in ihren Zimmern.
Obwohl ich sehr vorsichtig und leise war, fielen mir zwei fettige Teller aus der Hand. Die Teller knallten auf den Boden und zerbrachen. Der Erzieher meinte nun, dass hätte ich mit Absicht gemacht. Jetzt wäre das Maß voll.
Er stand auf, und versetzte mir einen Faustschlag in den Magen. Ich stürzte verkrampft zu Boden. Ich stand wieder auf und griff nach einem Messer, um ihn abzuwehren. Ich hatte keine Absicht, ihn zu verletzen. Ich wollte mich nur schützen. Nun begann ein verzweifelter Kampf. Ich wusste, dass er auf Grund seines Alkoholpegels, jetzt auf keinen Fall mehr zurechnungsfähig war. Dann trat er wie ein besessener Geisteskranker auf mich ein. Er trat immer gegen den linken Arm. Mein Arm und meine Schulter waren gebrochen. Er hat so auf mich eingetreten, dass ein Muskel und Sehnenabriss vom Knochen war. Das hat man einige Tage später bei einer Untersuchung festgestellt. Ich hatte höllische Schmerzen, ich habe geschrien. Es wurde kein Arzt gerufen. Ich wurde wieder in den Dunkelraum gesperrt. Dort verbrachte ich 3 Tage und drei Nächte. In meiner Verzweiflung habe ich immer wieder nach Schmerzmedikamenten gerufen, aber nichts geschah. Es gab in der Zelle auch keinen

Notruf für den Ernstfall, ich hätte darin sterben können. Die Schmerzen, die ich aushalten musste, kann ich gar nicht richtig beschreiben. Das kann nur derjenige nachvollziehen, der eine solche Verletzung erlitten hat.

An den zweiten und dritten Tag kann ich mich nicht mehr erinnern. Diese Tage fehlen mir einfach. Man hat mir später erzählt, dass ich geistesabwesend in einer Ecke gesessen hätte. Ich hätte auf nichts mehr reagiert. Ich muss wohl in einen Schockzustand geraten sein. Durch eine Platzwunde am Kopf und am Kinn, war meine Kleidung und die Zelle blutverschmiert. Ich habe nur noch schleierhaft mitbekommen, dass mich der Erzieher beschimpft hat, weil ich die ganze Zelle mit meinem Blut verunreinigt hätte.

Dann habe ich wieder mitbekommen, dass zwei Krankenpfleger mich brutal in eine Zwangsjacke gesteckt haben. Meine blutverschmierten Sachen, haben sie mir vorher vom Körper gerissen, um etwas zu vertuschen. Damit man mich in die geschlossene Psychiatrie bringt, muss der Erzieher die unglaublichsten Geschichten vorgebracht haben. Er war ja der Erzieher, dem glaubte man ja alles. Ich war ja nur der arme Irre, der durchgeknallt war. Dann transportierte man mich in die geschlossene Psychiatrie. Hier sollte ich die Welt des Schreckens kennen lernen.

Einlieferung in die Psychiatrie

Ich war nun endgültig mit meinen Kräften am Ende. In der Zwangsjacke wurde ich in einen Krankenwagen verfrachtet und in die geschlossene Psychiatrie eingeliefert. Ich wurde auf eine Station gebracht, auf der tobsüchtige und geistig Schwerstkranke, ihr Dasein fristeten. Die Zustände dort waren unvorstellbar.

Der alte Gründerzeit-Bau mit seinen vergitterten Fenstern und Türen, ließ nichts gutes erahnen. Große offene Bettenbereiche mit 20 Betten und mehr, keine Raumteilung durch Wände oder Türen. Alles nur mit zirka einem Meter hohen Mauern abgeteilt, damit die bulligen Pfleger die aussahen wie menschliche Kampfmaschinen, stets einen Überblick über die Station hatten.

Die Toilettenbecken waren nur durch eine kleine Mauer von der Nebentoilette getrennt. Keine Türen, oder ein Sichtschutz. Jeder konnte bei der Verrichtung der Notdurft zusehen. Das Schreien, und die grauenhaften Laute, die die Kranken von sich gaben, machten mir Angst und Schrecken. Ich war in einem Schockzustand und zitterte am ganzen Körper. Da der Erzieher mitgekommen war um meine Personalien anzugeben, klärte er die Pfleger in einem höhnischen Ton darüber auf, dass ich ein tobsüchtiger und gemeingefährlicher Verbrecher sei. Auf mich sollte man ganz besonders aufpassen.

Mit dem werden wir hier schon fertig, sagte ein Pfleger. Wir sind hier schon mit ganz anderen Verbrechern fertig geworden.
Dann fragte man mich noch verschiedene Dinge. Sie fragten mich auch, ob es in meiner Familie oder Verwandtschaft, noch weitere Geisteskranke gäbe. In meinen Zustand habe ich das alles nur schwer mitbekommen. Einige Fragen hat man mir mehrfach stellen müssen. Ich fühlte mich so elend und hatte große Schmerzen.
Außer der Zwangsjacke die mir das Atmen sehr erschwerte, war ich nur mit einer Unterhose und Strümpfen bekleidet. Ein Arzt war zu dieser Zeit nicht auf der Station, und eine Diensthabende Vertretung nicht aufzutreiben.
Du bekommst jetzt eine Spritze, sagte der Pfleger. Damit legen wir dich erst einmal flach, bis morgen früh der Stationsarzt alles Weitere entscheidet. Ein Pfleger hielt mich fest, und ein anderer rammte mir mit sichtbar freudiger Brutalität eine Spritze in den Hintern. Ich dachte, mir fliegt das Bein weg.
Jetzt setz dich dahin, sagte er. Ich werde nachsehen, wo ein Bett frei ist. Schon nach wenigen Minuten merkte ich, dass es mir ganz schwindelig wurde. Alles drehte sich vor meinen Augen. Bereits einige Momente später, war ich nicht mehr fähig, alleine vom Stuhl aufzustehen. Ich konnte meinen Oberkörper kaum noch aufrecht halten, und versuchte krampfhaft nicht vom Stuhl zu fallen.
Hier kommst du nicht mehr so schnell raus, sagte der Erzieher, und verschwand.

Zwei Pfleger griffen mir nun unter die Arme, und schleiften mich in den großen offenen Schlafsaal, wo die tobsüchtigen Patienten lagen. Diese waren an Armen und Beinen fixiert. Ich dachte nur noch: Lieber Gott, lass mich bitte sterben. Die Tore zur Hölle hatten sich weit geöffnet. In diesem Moment dachte ich, dass ich hier nie wieder lebend raus komme. Hier war der bislang tiefste Punkt in meinem Leben erreicht. Endstation.
Dann hoben mich zwei Pfleger auf das Bett, das eine dünne, mit Kunststoff bezogene Matratze hatte. In Gesäßhöhe war eine ca. 30 mal 30 cm. Große Öffnung. Unter dieser Öffnung war eine Schublade für die Notdurft.
Nun wurde ich endlich von meiner erdrückenden Zwangsjacke befreit und ich konnte endlich wieder richtig atmen. Dann wurde ich an den Handgelenken und an den Füßen rechts und links an das eiserne Bettgestell völlig unbekleidet gefesselt. Den breiten Lederriemen um den Bauch, mit denen die anderen Patienten zusätzlich fixiert waren, hatte man mir erspart. Ich wurde mit einer Art Kunststoffdecke zugedeckt. Dann verschwanden beide, und überließen mich meinem Schicksal. Was ich in diesen Momenten empfunden habe, kann ich bis heute nicht beschreiben. Es war einfach grauenhaft.

Die Wirkung der Spritze zeigte nun ihre volle Kraft. Ich habe lange Zeit geschlafen. Als ich wieder wach wurde, war ich noch völlig benommen. Das Teufelszeug hatte seine Wirkung nicht verfehlt. Ich wurde so stark unter Medikamente gesetzt, dass

ich ständig benebelt war und nur lallend sprechen konnte. Oft wurde ich im Schlaf durch den Einstich einer Spritze geweckt. Ich wurde auf dieser Station behandelt, wie ein wildes Tier. Menschenrechte kannte man hier nicht. Man hatte hier offensichtlich noch nie etwas davon gehört, dass die Würde des Menschen unantastbar sei.
Mein Mund war durch die Medikamente ständig ausgetrocknet. Wenn ich nach Wasser rief, wurde das einfach überhört. Nur zu den Essenszeiten gab es Wasser oder dünnen roten Tee. Zum Essen hatte man mir die rechte Handfessel gelöst. Aber den Arm und die Hand spürte ich nicht mehr. In der linken Schulter hatte ich starke Schmerzen, aber man gab mir keine schmerzstillenden Medikamente. Du brauchst keine Schmerztabletten, meinte ein Pfleger.
Mit einem Löffel stopfte man mir einen undefinierbaren Pamps aus Gemüse und Kartoffeln ein. Das geschah so schnell, dass ich mit dem Schlucken nicht nach kam. Rechts und links lief mir das Essen die Wangen herunter, welches wieder mit dem Löffel abgekratzt, und erneut in den Mund gestopft wurde.
Es war Hochsommer. Eine Klimaanlage gab es in diesem hallenähnlichen Raum nicht. Unter meiner Kunststoffdecke schwitzte ich so stark, dass ich den Schweiß in die Schublade unter dem Bett tropfen hörte.
Ich konnte die Decke nicht entfernen, da meine Arme und Beine gefesselt waren. Die Pfleger reagierten nicht auf mein Rufen. Als ich darum bat mir

die Decke zu entfernen, meinte er hämisch, das bleibt so. Ich hätte keine Sonderwünsche zu äußern.
Inzwischen lag ich schon zwei Tage im Bett gefesselt. Ich hatte immer noch keine Möglichkeit mit einem Arzt zu sprechen. Obwohl ich in Wachphasen ständig darum gebeten hatte, bekam ich keine Antwort.
In dem kleinen Städtchen Süchteln kannte jeder Jeden. Der Erzieher war den Stationspflegern schon bekannt. Von Zeit zu Zeit wurden Jugendliche aus dem Heim dort eingeliefert, weil sie durchgedreht waren.
Auf keine meiner Fragen bekam ich eine vernünftige Antwort, ich wurde überhaupt nicht ernst genommen. Ich gehörte zu dem Rudel der Geisteskranken und wurde auch so behandelt. Wenn ich überhaupt mal eine Antwort bekam, war das meistens immer nur ein mitleidiges und flüchtiges JA, JA, JA, JA...
Von den schmerzenden Fesseln wurde ich nicht befreit, so oft ich auch darum gebeten hatte. Meine Hände und Arme waren völlig taub. Ich wurde immer ängstlicher, dass ich hier nie wieder raus komme, wie mir das der Erzieher in seinem Zorn versprochen hatte.

Mehrmals am Tag kamen geistig völlig Verwirrte an mein Bett, die mir fürchterliche Angst machten. Ich war angeschnallt und völlig wehrlos. Ich erinnere mich noch ganz genau an einen älteren, verwachsenen Patienten, der gefährlich aussah. Er gab dumpfe, brüllende Laute von sich, und kicherte dann wieder vor sich hin. Die meiste Zeit war er damit beschäftigt, auf dem langen Flur wie ein Pferd galoppierend, auf und ab zu laufen.

Dieser Mann kam öfters am Tag brüllend an mein Bett. Er stand da, und betrachtete mich bedrohlich. Er hat mir fürchterliche Angst eingejagt. Ich konnte nicht abschätzen, wie er reagiert. Einmal hat er seine Hände um meinen Hals gelegt, als wollte er mich erwürgen. Ich war am Bett fixiert, ich konnte nur noch um Hilfe schreien. Ein Pfleger kam sofort herbei, und befreite mich aus dieser lebensbedrohlichen Situation. Wenn der Pfleger nicht so schnell an meinem Bett gewesen wäre, hätte er mich wahrscheinlich erwürgt. Der Mann wurde dann wieder in seinem Bett angeschnallt.

Ich habe lange Zeit Albträume gehabt, in denen ich diese Situation immer wieder durchlebt habe.

Wenn mittags der Essenwagen aus der Großküche kam, wurde es auf der Station sehr unruhig. Von meinem Bett aus, konnte ich das Theater jeden Mittag beobachten. Es war wie bei einer Raubtierfütterung. Die Pfleger teilten Plastiknäpfe aus. Alle drängelten sich gierig und aggressiv um den Wagen. Es war stets Essen, dass man mit einem Löffel essen konnte. Messer und Gabeln, wurden aus Sicherheitsgründen nicht an die Patienten ausgegeben.

Obwohl ein Aufenthaltsraum vorhanden war, verdrückten sich die meisten Patienten mit ihrer Schüssel ängstlich in eine Ecke. Dort schlangen sie gierig ihr Essen hinunter. Sie beobachteten dabei aufmerksam ihre Umgebung. Es kam auch vor, dass jemand versuchte einem Leidensgenossen den Essnapf aus der Hand zu reißen. Diese Situation führte dann meistens zu Handgreiflichkeiten.

Die Pfleger machten sich einen Spaß daraus, eine Kiste mit Äpfeln oder Apfelsinen über den langen Gang zu kippen. Dann stürzten sich die Patienten wie die Tiere auf die Früchte. Die Pfleger fanden das sehr lustig.

Über meinem Bett hing eine große Neonlampe, in der eine Röhre defekt war. Tag und Nacht versuchte die Röhre wohl 1000 mal zu starten. Ständig ein Klicken, ein Blitzen, wieder ein Klicken und wieder ein blitzten. Das Teil hat mich unsäglich genervt. Richtige Dunkelheit gab es auch in der Nacht nicht. Die Stationsbeleuchtung wurde dann nur etwas gedämpft, aber die Lampe über meinem Bett blieb ständig eingeschaltet.

Mit meinem Bettnachbarn konnte ich mich zeitweise unterhalten. Er war schon etwas älter, und hat an manchen Tagen nur wirres Zeug gesprochen. Er rief immer nach seiner Frau. An anderen Tagen, war er scheinbar ganz klar im Kopf. Er kam aus Krefeld und hatte dort ein Friseurgeschäft. Er hatte mehrfach versucht sich das Leben zu nehmen, da ihn seine Frau verlassen hat. Nun steckte man diesen Mann einfach in die geschlossene Psychiatrie.

Dieser Mann musste sehr viel Leid ertragen. Jeden zweiten Tag bekam er Elektroschocks. Wenn er nach der Behandlung wieder auf die Station gebracht wurde, war er lange Zeit nicht ansprechbar.

Eines Tages hat man ihn auf eine andere Station verlegt. Ich habe nie wieder etwas von ihm gehört.
Vier Tage und drei Nächte blieb ich fixiert in diesem Bett. Ich hatte nie die Möglichkeit, ein Bad aufzusuchen, geschweige denn eine Toilette. Irgendwann ist dann der Zeitpunkt erreicht, dass man nichts mehr halten kann. Ich habe mich so entsetzlich geschämt. Vor mir selbst und vor den anderen Patienten. Nach Verrichtung der Notdurft rief ich nach dem Pfleger, der dann früher oder später kam, um die Schublade und den Intimbereich zu reinigen.
Da ich Reinlichkeit gewöhnt war, war die jetzige Situation für mich unerträglich. Ich fühlte mich so schmutzig, und konnte an dieser Situation nichts ändern. Die von mir so oft gestellte Bitte, ein Bad oder eine Dusche aufsuchen zu dürfen, wurde stets mit der Begründung abgelehnt, dass ich am Morgen gewaschen wurde. Dieses Waschen bezog sich auf ein kurzes abreiben mit einem Waschlappen. Das geschah flüchtig und in aller Eile.
Am Abend des dritten Tages, stand endlich ein Arzt an meinem Bett. Er bat die mitgebrachten Pfleger meine Fesseln zu lösen und mich in sein Sprechzimmer zu bringen. Nachdem ich von meinen Fesseln befreit wurde, wollte ich aufstehen. Aber mein Kreislauf spielte mir einen Streich. Als ich erneut versuchte aufzustehen, wurde mir ganz schwarz vor Augen und ich sackte vor meinem Bett zusammen. Mach mal nicht gleich schlapp, sagte ein Pfleger. Los steh endlich auf, der Arzt wartet auf dich.

In einer solch schlimmen Lebenssituation niemanden zu haben der einem zur Seite steht, ist unbeschreiblich grausam. Der Aufenthalt auf dieser Station, hat ein Trauma hinterlassen.
Wo war hier das Gesetz?
Wer hat meine Einweisung in die Psychiatrie unterschrieben, ohne mich gesehen zu haben?
Woher nahm man das Recht, mit mir so umzugehen?
Unter großer Anstrengung versuchte ich mich aufzurichten. Doch so sehr ich mich auch bemühte, es ging nicht. Mein Kreislauf war durch das lange Liegen und die vielen Medikamente völlig am Ende. Als die Pfleger merkten, dass ich unfähig war mich aufzurichten, holten diese einen Rollstuhl. Sie fuhren mich nun völlig unbekleidet in das Sprechzimmer.
Vor mir saß der Arzt, der sich inzwischen meinen Aufnahmebericht angesehen hatte. Auf meine Frage warum das so lange gedauert hat, bis ich ihn sprechen konnte, gab er mir in einem scharfen Ton zu verstehen, dass er hier die Fragen stellt.
Ich erzählte ihm nun, was sich im Heim zugetragen hatte und warum man mich hier her gebracht hatte. Er schüttelte seinen Kopf und schaute mich freundlich an und meint, das mag ja alles so sein, doch auf diese Station gehören Sie nicht. Er hat mich sogar gesiezt. Im Laufe des Gespräches hatte er wohl den Eindruck gewonnen, dass ich kein tobsüchtiges und gewalttätiges Monster bin, so wie der Erzieher das dargestellt hatte.

Ich habe gelesen, dass Sie ein jähzorniger Fürsorgezögling sind, der auf seinen Erzieher mehrfach mit dem Messer losgegangen sind. Ist das so gewesen? Ich persönlich habe ja nichts gegen sie, meinte er. Aber sie sollten sich vielleicht mal überlegen, ob Sie ihr Leben nicht ändern wollen. Wenn Sie auf dieser schiefen Bahn weitermachen, werden Sie es im weiteren Leben sehr schwer haben. Sie sehen ja, was dabei raus kommt.
Wieder einmal hatte ich das Gefühl, alles in meinem Leben falsch gemacht zu haben, ein unnutzer Versager zu sein.
Ich werde veranlassen, dass Sie heute oder morgen auf eine andere Station verlegt werden. Doch sollten sie Schwierigkeiten machen, werden wir uns hier ganz schnell wiedersehen. Haben Sie mich verstanden? Willenlos und völlig eingeschüchtert nickte ich wiederum. Ich versprach ihm, keine Schwierigkeiten zu machen. Ein Pfleger, der während des gesamten Gesprächs wohl aus Sicherheitsgründen anwesend war, fuhr mich zurück an mein Bett. Er schnallte mich wieder an Händen und Füßen an. Ständig in die aufblitzende und klickende Neonlampe über meinem Bett starrend, hörte ich einige Stunden später plötzlich meinen Namen.

Martin

Ein schwarzhaariger, großer Pfleger mit einem Dreitagebart, kam an mein Bett. Abcheckend betrachtete er mich einen Weile. Was haben die denn mit dir gemacht? Warum hast du denn nichts an? Warum bist du angeschnallt, du siehst doch so friedlich aus. Versprichst du mir, dass du keinen Blödsinn machst, wenn ich dich jetzt losmache?
Ja, sagte ich, das verspreche ich.
Mein Name ist Martin Heitkamp sagte er, du kannst Martin zu mir sagen. Ich habe den Auftrag dich auf eine andere Station zu bringen. Da sieht es freundlicher aus wie hier.
Wo hast du denn deine Sachen, fragte er.
Welche Sachen meinen Sie Martin?
Na deine Anziehsachen!
Ich habe nichts zum anziehen, sagte ich.
Wie? Nichts zum Anziehen, wie bist du denn hier eingeliefert worden?
In einer Unterhose und in einer Zwangsjacke, sagte ich.
EINER UNTERHOSE UND ZWANGSJACKE?
Das darf doch nicht wahr sein, sagte er kopfschüttelnd. Warte einen Moment, ich werde ein paar Sachen aus der Kleiderkammer besorgen. Er drückte mir fest meinen Arm und verschwand.
Nach kurzer Zeit, die mir aber wie eine Ewigkeit vorkam, war Martin wieder bei mir. Er überreichte mir einen blauen, viel zu großen Trainingsanzug. Er half mir beim anziehen. Er merkte, dass ich mich kaum bewegen konnte.

Wie lange liegst du hier schon, fragte er.
Vier Tage und drei Nächte sagte ich.
Das darf nicht wahr sein, sagte er. Dann wird es höchste Zeit, dass du hier raus kommst. Du hast hier nichts verloren.
In diesem Moment kam wieder einer von den schrecklichen Gestalten an, die mir so oft Angst und Schrecken eingejagt hatten. Als er jedoch Martin in seiner weißen Kleidung sah, verzog er sich.
Ich glaube nicht, sagte Martin, dass du bis zur anderen Station laufen kannst. Das ist ein Stück weg von hier. Das Haus ist am anderen Ende des Geländes. Warte bitte hier auf mich, ich hole einen Rollstuhl. Er war nett und freundlich zu mir.
Gerade 17 Jahre alt geworden, hatten es andere geschafft mich so fertig zu machen und so weit zu bringen, dass ich nun in einem Rollstuhl über das Gelände einer psychiatrischen Klinik geschoben wurde. Das war ein prägendes Erlebnis. Viele Menschen haben mich im Rollstuhl angestarrt. Ich habe mich so elend gefühlt, und mich so geschämt.
Von nun an, sollte es mir wesentlich besser gehen. Ich hatte sofort das Gefühl, dass ich in Martin einen guten Menschen gefunden habe. Martin war sehr freundlich zu mir.
Als wir auf der neuen Station ankamen, traute ich meinen Augen nicht. Alles war hell und freundlich. Keine Gitter vor den Fenstern. Drei und Vierbettzimmer. Menschen in privater Kleidung, unterhaltsam und freundlich.

Martin brachte mich in einem Dreibettzimmer unter, das ich die ersten vier Tage für mich alleine hatte. Endlich hatte ich meine Ruhe. Ich habe Tag und Nacht fast nur geschlafen.
Die Mahlzeiten wurden in einem Tagesraum eingenommen, wo jeder Patient seinen festen Platz hatte. Zu Essen gab es reichlich, soviel wie jeder wollte. Das hatte ich schon Jahre nicht mehr erlebt. Ich musste mich erst wieder daran gewöhnen. In den ersten Tagen habe ich Brötchen und alles mögliche essbare, wie Obst oder Marmelade in meinem Schrank gehamstert. Ich tat das aus Furcht, dass es vielleicht morgen nichts mehr geben würde. Ich wurde nie wieder an das Bett gefesselt. Die Wunden an den Handgelenken und den Füßen, die durch die tagelange straffe Fixierung entstanden, waren rasch verheilt.
Am nächsten Morgen wurde ich dem Stationsarzt vorgestellt.. Martin war bei dem Gespräch auch dabei.
Das ist ja unglaublich, was sie erlebt haben. Ich habe schon öfter solche Geschichten aus dem Heim gehört. Es waren auch schon mehrere Jugendliche aus dem Heim hier, daran kann ich mich noch gut erinnern. Wir werden Sie schon wieder aufbauen, aber das wird sehr lange dauern. Rechnen Sie mal mit einem halben Jahr. Sie werden sich bestimmt hier wohler fühlen, als im Heim. Es tut mir leid, dass Sie so lange auf der Station 1 waren. Ich kenne die Station und auch die Pfleger. Das ist die schlimmste Station die wir hier haben. Auf dieser Station, sind die gefährlichen, geistig

schwerstkranken Patienten untergebracht. Wie man sie auf diese Station bringen konnte, kann ich mir nicht erklären. Ich kann mich dafür nur bei ihnen entschuldigen. Ich werde der Sache nachgehen. Der Arzt hat mich aber auf dieses Thema nie wieder angesprochen. Weil alle so nett und freundlich zu mir waren, habe ich auch nichts mehr gesagt.
Über die Mitteilung des Arztes, dass ich mit sechs Monaten Aufenthalt rechnen müsste, war ich erschüttert. Dann war ich aber recht froh. Lieber hier, als im Erziehungsheim. Lieber in der Psychiatrie, in der ich meine Ruhe hatte, als zurück in das schlimme Heim. Bereits nach einigen Tagen, konnte ich die Station für einen Spaziergang auf dem Gelände verlassen. Das war für mich ein merkwürdiges Gefühl. Ich konnte am Tag die Station verlassen, wann ich wollte.
Nun konnte ich erst einmal richtig aufatmen. Ein paar Monate in eingeschränkter Freiheit, aber in Menschenwürde, waren mir nun sicher.

Martins Freundschaft

Zu Martin entwickelte sich eine wertvolle Freundschaft. Er behielt mich stets im Auge und ich ihn. Wenn er einen freien Tag hatte und ich ihn nicht sah, fehlte etwas.
Ich war froh, wenn er Nachtdienst hatte. Ich saß dann fast die ganze Nacht bei ihm im Dienstzimmer und wir haben viel miteinander gesprochen. Er war ein sehr aufmerksamer Zuhörer.

Er wollte alles von mir erfahren. Von meinem schlimmen Elternhaus und warum ich letztendlich ins Heim eingewiesen wurde. Oftmals wurde unser Gespräch unterbrochen, weil ein Patient geklingelt hatte. Das empfanden wir immer als störend. Ich konnte im Dienstzimmer bleiben, er hatte volles Vertrauen zu mir.

Er ist noch da!

Wir hatten uns bereits am Anfang unserer Gespräche fest versprochen, dass alles was wir uns erzählten, niemals unsere Lippen verlassen würde.
An meinem Sonntag hat mich Martin abgeholt. Er ist mit seiner Frau und mir auf die Kirmes gefahren. Es war ein sehr schöner Tag und ich habe viel Spaß gehabt. An einer Losbude hat Martin einen kleinen Teddy gewonnen. Den hat er mir zusammen mit vielen anderen Dingen geschenkt. Er war für mich in dieser so schweren Zeit die einzige Person, der ich absolut vertrauen konnte.

Nach Rücksprache mit der Klinikleitung, holte er mich öfters ab, wenn er einen freien Tag hatte.
Ich habe viele schöne Stunden mit ihm, und seiner Familie verbracht, denn Besuch bekam ich nie. Auch meine Mutter hat sich während der gesamten Zeit nie gemeldet.
An Sonntagen und Feiertagen, habe ich doch oft am Fenster gestanden und auf Besuch gewartet. Auf wen ich wartete, wusste ich selber nicht. Aber ich habe dort gestanden und gewartet, gehofft, gewartet. Als die Besuchszeit vorbei war, hatte ich es wieder einmal begriffen, dass ich der einsamste Mensch auf der Welt war. Der Erzieher sagte mir ja oft genug, dass ich ein schlechter Mensch sei, deshalb auch nie Post, oder Besuch bekommen würde.
Es gab nur einen Menschen der sich mit mir beschäftigte, dass war Martin.
So verbrachte ich auch den Heiligen Abend und den ersten Weihnachtstag mit ihm und seiner Familie. Jetzt durfte endlich wieder ein schönes Weih-

nachtsfest erleben. Ich war so glücklich und umsorgt. Ich hatte nun zum ersten mal erlebt, wie schön ein Weihnachtsfest in einer Familie ist.

Schlechte Mitteilung

Die Monate vergingen und der Arzt rief mich eines Tages in sein Sprechzimmer. Er teilte mir mit, dass mein Gesundheitszustand nun stabilisiert sei, und er mich nicht mehr länger hier behalten kann. Ich muss zurück ins Erziehungsheim.
Als er mir das sagte, wurde mir richtig schlecht. Ohne ein Wort zu sagen stand ich auf und verließ das Zimmer. Ich legte mich auf mein Bett, und plötzlich waren die so schwer erworbenen neuen Kräfte, und meine Fröhlichkeit verloren.
Ich fühlte mich um Monate zurück geworfen. Sollte jetzt alles wieder von vorne anfangen? Jetzt wieder zurück in diese bestialische Anstalt? Das durfte nicht passieren. Eher setze ich meinem Leben ein Ende.
Ich war völlig verzweifelt. Martin war nicht auf der Station, er kam erst später. Als er mich sah, merkte er sofort das mit mir etwas nicht stimmte. Ich sagte ich ihm, dass man mich wieder ins Heim abschieben will. Die Tränen liefen mir von den Wangen und ich war kaum fähig, deutlich zu sprechen. Ich werde mich darum kümmern und mit dem Arzt sprechen, sagte Martin. Versprichst du mir, dass du keine Dummheiten machst?

Ja, das verspreche ich dir, sagte ich. Am nächsten Tag hat Martin mit dem Stationsarzt gesprochen. Beide haben bei der Klinikleitung erreicht, dass ich noch hier bleiben kann, bis eine andere, vernünftige Lösung gefunden wird.

Der Anwalt

Ein guter Freund von Martin war ein Rechtsanwalt. Er hat ihm meinen Fall geschildert und ihn gebeten mir zu helfen. Ich hatte kein Geld, aber er hat sich trotzdem sofort meiner Sache angenommen. Einige Tage später, besuchte mich der Anwalt in der Klinik. Zusammen mit dem Stationsarzt und Martin, haben wir eine lange Unterhaltung geführt. Der Anwalt war darüber entsetzt, welche Zustände in dem Erziehungsheim herrschen. Mein Anwalt musste erreichen, dass der Antrag auf Aufhebung der Fürsorgeerziehung durch den Landschaftsverband und den zuständigen Stellen des Jugendamtes, genehmigt wird.

Das war eine äußerst schwierige Angelegenheit, die fast aussichtslos schien.

Auch meine Mutter wurde angeschrieben. Auch von ihrer Einwilligung, hing die ganze Sache erheblich ab. Aber meine Mutter antwortete monatelang nicht, obwohl sie mehrfach angeschrieben wurde. Jeden Tag fragte ich nach Post. Das war ein unerträglicher Zustand für mich, denn die Zeit wurde immer enger. Wie sich später herrausstellte, war die gnädige Frau unbekannt verzogen. Bis man

sie ausfindig machen konnte, waren drei Monate vergangen. Der Anwalt musste meine Mutter dazu bewegen, dass sie ihr Einverständnis gibt, sonst geht die Sache schief.
Ich merkte dass Martin sehr viel für mich tat. Ich hatte volles Vertrauen zu ihm. In meinem bisherigen Leben hatte ich noch nie einen Menschen gefunden, der sich so für mich einsetzte.
Es vergingen weitere drei Monate, bis mein Anwalt mir eine erfreuliche Nachricht überbringen konnte. Meine Mutter hatte sich nun doch endlich entschlossen, zu unterschreiben.
Ihre Einwilligung war jedoch an einige Bedingungen geknüpft.
Sie wollte mich zu Hause nicht mehr aufnehmen, da sie den ganzen Tag berufstätig sei. Außerdem wäre die Wohnung viel zu klein.
Später stellte sich heraus, dass sie in einer Dreizimmerwohnung wohnt, die 75 qm. Wohnfläche hat. Allerdings wohnte sie dort nicht alleine. Sie hatte inzwischen geheiratet.
Ich sollte doch nach Westberlin gehen, teilte sie mit. Die Berliner würden doch händeringend junge Arbeitskräfte suchen. Damit waren ich und alle anderen einverstanden. Hauptsache schnell und weit, weit, weit weg von hier.
Binnen kürzester Zeit, war mit dem Arbeitsamt in Berlin alles geregelt. Das Amt hatte mir eine Arbeitsstelle und eine Wohnung besorgt, was sich aber schnell als Flop herausstellte.

Unglaublich

Als man mir meine letzten Sachen aus dem Heim in die Klinik brachte, machte ich eine unglaubliche Entdeckung.

In meinen Sachen fand ich einen großen braunen Umschlag. In diesem Umschlag waren über 50 Briefe. Es waren auch viele Briefe, die ich geschrieben hatte. Im Heim wurden die Briefe gelesen und nicht abgeschickt.

Über 20 Briefe davon, von Freunden und Bekannten. Das Heim hat mir die Briefe unterschlagen.

Es waren Briefe zu Weihnachten und zum Geburtstag. In einigen Briefen stand, dass ich mir was schönes kaufen sollte, doch das Geld war verschwunden.

In einigen Briefen war zu lesen, warum ich nicht antworten würde. Ich könnte mich doch wenigstens mal für das Geld bedanken.

Fast zwei Jahre, hatten mir Freunde und Bekannte geschrieben. Dann nicht mehr, weil ich ja nie geantwortet hätte. Es war jedoch kein Brief von meiner Mutter dabei. Diese Postunterschlagung ist so ziemlich die größte Gemeinheit, die ich je in meinem Leben erfahren habe.

Von den Erziehern wurde mir ständig eingeredet, dass niemand mehr mit mir etwas zu tun haben will, da ich ja ein so schlechter Mensch sei, aber im Heim stapelten sich die Briefe, die man mir geschrieben hatte.

Hier wurde nicht nur eindeutig gegen das Postgeheimnis verstoßen, sondern auch im großem Umfang Postunterschlagung begangen.

Abschied und Freiheit

Der Tag rückte näher, an dem ich nach Berlin reisen musste. Der Abschied von Martin fiel mir nicht leicht. Ich hatte mich so an ihn gewöhnt.
Als ich alle Formalitäten in der Klinik erledigt hatte, habe ich meine spärlichen Sachen gepackt.
Plötzlich kam Martin in mein Zimmer und stellte eine Reisetasche ab. Hier, dass ist alles für dich. Das kannst du bestimmt gut gebrauchen.
Als ich die Tasche öffnete, traute ich meinen Augen nicht. Seine Frau hatte mir schöne Bekleidung gekauft, die ich doch so dringend benötigte. In einem Umschlag fand ich 200 DM für den ersten Start in Berlin. Ich setzte mich auf mein Bett dass schon abgezogen war, und habe fürchterlich geweint. Plötzlich wollte ich nicht mehr weg von hier. Nach alle dem, was in den letzten Jahren passiert war, war ich mit der Situation, nun ein freier Mensch zu sein, völlig überfordert. An das lange eingesperrt sein, gewöhnt man sich anscheinend.
Martin ermahnte mich zur Eile, denn in einer Stunde fährt mein Zug. Er brachte mich mit seinem Auto zum Bahnhof. Ich merkte, dass ich mit meiner Freiheit so recht nichts anfangen konnte, ich hatte mächtige Angst vor der Zukunft. Ich hatte

Angst vor der großen Stadt Berlin, wo ich niemanden kenne und auch mich niemand kennt.
Als wir am kleinen Bahnhof in Viersen angekommen waren, hatten wir noch etwas Zeit. Erst jetzt merkte ich, wie schwer mir der Abschied von Martin fiel. Auch Martin war nicht ganz wohl, dass habe ich gemerkt.
Bitte Vorsicht an Gleis 2, dröhnte es aus dem Lautsprecher und der Zug fuhr ein.
Wir verabschiedeten uns noch einmal. Die Tränen liefen mir die Wangen runter. Danke sagte ich. Danke für alles, was du für mich getan hast. Ich werde dich nie vergessen. Lebe wohl lieber Martin. Es wäre so schön, wenn du jetzt mitkommen könntest.
Ich stieg in den Zug und öffnete das Fenster. Noch einmal dankte ich ihm für alles, was er für mich getan hat.
Das Pfeifen des Schaffners beendete nun endgültig die Zeit der jahrelangen Grausamkeiten, aber auch die Hilfe von Martin. Es gab gleichzeitig das Signal für ein neues und freies Leben.

Am 10. September 1973 kam ich in das damalige Westberlin.
Wir haben uns noch lange Zeit geschrieben. Dann wurden die Briefe seltener und kürzer. Gelegentlich haben wir uns dann noch Urlaubskarten geschrieben. Dann haben wir nichts mehr von einander gehört. Aber diesen guten Menschen und seine aufopfernde Hilfsbereitschaft, werde ich nie vergessen.

Deutliche Spuren der Vergangenheit

Die Zeit im Heim hat bei mir deutliche Spuren hinterlassen. Ich war lange aus der Gesellschaft entfernt und die Zeit war für mich stehen geblieben. Aus diesem Grund hatte ich anfangs enorme Schwierigkeiten, mit den einfachsten Dingen im Leben zurecht zu kommen. Ich war willenlos, denn mein eigener Wille, mein ich, war gebrochen. Ich hatte es verlernt zu sagen, ICH WILL. Ich hatte es verlernt, mich zu behaupten.
Über meine Herkunft und Vergangenheit, konnte ich mit niemandem reden. Es gab keine soziale Anlaufstelle, oder eine psychologische Betreuung, an die ich mich Rat suchend wenden konnte. Den Mut, mit Freunden darüber zu reden, hatte ich nicht. Ich hatte Angst, dass sie sich von mir abwenden. Mein Selbstbewusstsein war völlig zerstört.
Ich wurde einfach ins Leben gestoßen. Sieh doch zu, wie du da klar kommst. Im Heim hatte ich gearbeitet, pariert und funktioniert. Nun hatte der Mohr seine Schuldigkeit getan. Vom einstigen Heimzwangsarbeiter zum freien Bürger. Dieser nahtlose Übergang war zu schnell.

Ich habe mich in der ersten Zeit überall untergeordnet, da ich durch die Erlebnisse im Heim völlig eingeschüchtert war. Auf keinen Fall wollte ich irgendwie auffallen. Viele Menschen in meiner Umgebung haben meine Unsicherheit bemerkt, und sofort schamlos ausgenutzt.

Wie ich schon erwähnte, war die Suche nach einem Arbeitsplatz eines der größten Probleme. Das hat mir oft einen leeren Bauch, sowie schlaflose Nächte bereitet.

Ohne Zeugnisse keine Arbeit

Da ich durch den langen Heimaufenthalt überhaupt keine Ausbildungsnachweise oder andere Qualifikationen nachweisen konnte, habe ich nur Arbeit bekommen, die andere nicht machen wollten. Meine Jobs waren sozusagen, die letzte Drecksarbeit. Ich hielt mich mit Aushilfsjobs über Wasser, die meist ohnehin zeitlich begrenzt waren. Tagsüber habe ich meinen regulären Job gemacht, anschließend in einer kleinen Pension, Nachtschicht an der Rezeption.

In der ersten Zeit bin ich auch oft zum Blutspenden gegangen. Ich brauchte jede Mark zum überleben. Es gab dort immer etwas zu essen und anschließend bares Geld, das ich dann sofort bei Aldi gelassen habe. Manchmal habe ich an zwei Stellen mein Blut gespendet.

Oft habe ich ein Vorstellungsgespräch angenommen, bin dann aber aus Angst vor Demütigungen doch nicht hingegangen.

Bei den Vorstellungsgesprächen habe ich meistens Unwahrheiten über meine Vergangenheit erzählt, sonst hätte ich gar keine Arbeit bekommen. Ich habe erzählt, dass ich gerade noch im Umzug bin und noch alles in Kisten und Kästen sei. Ich würde

alle Unterlagen später vorlegen. Einige Zeit ging das auch gut, bis man mir nach mehrmaliger Aufforderung, meine Zeugnisunterlagen nun endlich vorzulegen, eine letzte Frist setzte. Dann kam der Tag, und mir wurde gekündigt. Mein Arbeitsplatz war wieder einmal verloren. Oft habe ich lange Zeit suchen müssen. Durch die körperliche Behinderung die mir im Heim zugefügt wurde, konnte ich manche Arbeit gar nicht annehmen. Es gab damals viele Stellenangebote in den Zeitungen, aber für mich war nur selten etwas dabei. Der Fluch ein Heimkind zu sein, verfolgte mich ständig. Ein Jugendlicher der keine Zeugnisse vorlegen konnte, hatte meist schlechte Karten. Mit dem konnte ja was nicht stimmen, dachte man. Die Diskriminierung nahm weiterhin seinen Lauf. Manchmal kam ich mir vor wie ein Verbrecher, der ganz schlimme Dinge getan hat.
Später habe ich mich dann im Kunsthandel selbstständig gemacht und hatte damit Glück. Bis zu meiner Berentung im Jahre 2000, war ich mein eigener Herr.

Privater Bereich

Mit dem Ausnutzen meiner angezüchteten Unsicherheit war es nicht nur am Arbeitsplatz so, sondern auch oft im privaten Bereich. Ich war erst nach langen Jahren überhaupt fähig, eine Partnerschaft einzugehen. Doch hier fühlte ich mich oft in die Zeit meiner Kindheit zurückversetzt. Wenn ich die Worte, Mach mal, hol mal, geh mal, du machst jetzt, du musst jetzt, usw. hörte, wurde ich oft böse. Solche Situationen führten nicht selten zu Streitigkeiten, und letztendlich auch zur Trennung. Ich hatte es endgültig satt, mich weiterhin von anderen bevormunden zu lassen. Die Zeit im Heim, war nun endgültig vorbei. Als ich aus dem Heim kam, war ich in jeder Hinsicht ein totales Wrack. Dahin, sollte mich niemand mehr bringen. Inzwischen hatte ich es so langsam begriffen, dass ich kein wehrlos und willenlos zu funktionierendes Heimkind mehr war. So kam es, dass ich manchmal lange Zeit alleine war. Ich hatte nie gelernt, sachlich und ruhig mit Konfliktsituationen umzugehen. Im Heim hatte ich nur eines gelernt, dass in Konfliktsituationen geschrieen, beleidigt und geprügelt wird. Es wurde mir immer deutlicher, dass ich wieder gegen jedermann misstrauisch sein musste. Alle wollen mir nur böses, meinte ich. Ich wurde auch aggressiv, wenn ich mich angegriffen fühlte. Solche Situationen kamen schon öfters vor, und haben mir auch manchmal Ärger eingebracht.
Von frühester Kindheit an, hatte ich nur schlechte Erfahrung mit meinen Mitmenschen gemacht. Und

dann die anschließenden Erfahrungen im Heim. Diese, in langen Jahren gesammelten Erfahrungen, haben sich bei mir so fest eingebrannt, dass ich gar nicht anders reagieren konnte. Ich hatte ständig das Gefühl, mich verteidigen zu müssen.

Schuld, Erkenntnis und Hoffnung

In vielen Gesprächen mit ehemaligen Heimkindern ist mir deutlich geworden, dass mein Schicksal kein Einzelfall ist.
In der Bundesrepublik Deutschland, gab es Schätzungen zu Folge in den fünfziger und sechziger Jahren, rund eine halbe Million Heimkinder. Viele von ihnen, haben ein grausames Schicksal ertragen müssen. Viele von ihnen, sind für ihr ganzes Leben gezeichnet.
Ich bin froh, dass ich das alles überlebt habe. Ich möchte meine Aufzeichnungen als Mahnung für die Zukunft, in diesem Buch hinterlassen. Über Jahrzehnte, habe ich meine Heimzeit einfach verdrängt. Ich wollte alles wegstecken, vergessen, so tun, als hätte es diese Zeit nie gegeben. Doch das erlebte, war in meinem Verhalten allgegenwärtig.
Und erst als ich dieses Buch geschrieben habe, ist es mir so richtig bewusst geworden, was man alles mit mir angestellt hat. Es kamen mir wieder Dinge in den Kopf, die ich schon lange vergraben hatte. Manchmal habe ich gedacht, dass kann nicht wahr sein, dass kann es nicht gegeben haben, dass ist unmöglich.

Warum das alles?

Am Ende bleibt die Frage nach dem Warum.
Warum, mussten unzählige unschuldige Kinder durch diese Hölle Erziehungsheim gehen?

Schreibtischtäter und gewissenlose Eltern, waren oft Schuld daran. Sie haben eine Unterschrift getätigt, die voreilig und absolut verantwortungslos war.
Alle Aussagen meiner Mutter hätten sorgfältiger überprüft werden müssen. Es hätte ein Psychologe eingeschaltet werden müssen. Der Psychologe hätte vielleicht das Intrigenspiel durchschaut, denn meine Mutter war eine sehr schlechte Schauspielerin. Wenn ich Regisseur gewesen wäre, hätte sie nicht einmal eine Statistenrolle in der sechzigsten Reihe bekommen. Aber, vielleicht hätte auch mich jemand anhören sollen. (!)
Mich hat als Kind keiner angehört, mich hat niemand gefragt, ich wurde nur mit Dreck und Schuld beworfen.
Wer entschädigt mich und auch die vielen, vielen anderen Heimkinder, für das erlittene Unrecht? Wann hört man endlich damit auf, Menschen die in einem Erziehungsheim waren, als Straftäter zu diskriminieren? Ein Großteil von diesen Menschen, hatte keine Schuld auf sich geladen.

Ich kann nur hoffen, dass solche gewissenlose Menschen nicht mehr in den Ämtern sitzen und mit ihrer fatalen Unterschrift Menschenleben zerstören!

Spätes Wiedersehen

Vom ersten Tag an, habe ich mich in Berlin wohl gefühlt. Ich hatte ein Gefühl von Sicherheit, dass ich bislang nicht kannte. Süchtel, war Gott sei Dank weit, weit weg.

Bereits in den ersten Tagen habe ich mir ein möbliertes Zimmer suchen müssen, da die Zustände in der vom Amt besorgten Wohnung unerträglich waren. Drei Monate später, haben mir dann Freunde eine kleine Hinterhofwohnung in Schöneberg besorg. Meine Wohnsituation ließ zwar auch hier manches zu wünschen übrig, denn es gab keine Zentralheizung und kein warmes Wasser. Aber ich war ein freier Mensch, in seiner eigenen Wohnung. Die ersten Monate, hatte ich Schwierigkeiten zu begreifen, dass ich ein freier Mensch bin. Dass ich kommen und gehen kann, wann ich will.

Da ich keinerlei Möbel und Hausrat besaß, haben mir einige Arbeitskollegen geholfen. In kürzester Zeit, war meine Wohnung einigermaßen gemütlich eingerichtet.

Aber es war sehr schwer, in meiner Situation einen Job zu finden. Den Job den mir das Arbeitsamt besorgt hatte, konnte ich vergessen. Das sehr (!) große Geschäft, das kurze Zeit vorher am Kurfürstendamm eröffnet hatte, wollte mich nun doch nicht. Das Arbeitsamt hatte verschwiegen, dass ich aus einem Erziehungsheim komme und keinerlei Zeugnisse vorlegen konnte. Die Schulbildung und die berufliche Ausbildung, wurde mir ja im Heim verweigert.

Als der Personalchef mitbekam, dass ich aus einer Erziehungsanstalt komme, machte er einen Rückzieher.
Er sagte mir wortwörtlich, dass in diesem Haus genug gestohlen würde. Mir alles Gute wünschend, hat er mich einfach stehen lassen. In diesem Laden, habe ich bis zum heutigen Tag nichts gekauft.
Zwei Tage später, hatte ich einen Job in einem anderen Kaufhaus in Wilmersdorf. In diesem Haus habe ich einige Zeit gearbeitet. Da die Volljährigkeit damals noch bei 21 Jahren war, musste ich sehr vorsichtig sein. Ich durfte mir keine Patzer erlauben, damit das Jugendamt keine Handhabe gegen mich hat. Als ich 21 Jahre alt wurde, fühlte ich mich erst so richtig frei. Jetzt konnte mir keiner mehr an den Kragen. Ich habe auch erst nach Vollendung meiner Volljährigkeit, Berlin das erste mal Richtung Westdeutschland verlassen. Die Angst vor den Behörden saß noch unendlich tief.
Erst im August 1975, bin ich das erste Mal wieder in Remscheid gewesen. Meine Mutter war ja schon lange nicht mehr in Remscheid. Sie zog mit ihrem Partner in ein kleines verschlafenes Nest in Bayern. Die alte Bruchbude in der wir gewohnt hatten, war auch nicht mehr da. Hier standen jetzt Neubauten. Die einstigen Nachbarn waren in alle Winde zerstreut, einige bereits verstorben.
Die Alte Frau von den Zeugen Jehovas, die uns immer Kohlen gegeben hat, habe ich im Seniorenheim besucht. Es war das Seniorenheim, wo ich mir als Kind öfters etwas aus den Schweineeimern gefischt hatte. Sie hat sich sehr über meinen Besuch

gefreut. Dann hat sie mir viele interessante Dinge aus der Stadt, und von den Leuten erzählt. Du warst ein armes Kind hat sie gesagt, sie hätte jeden Tag für mich gebetet.
Anschließend habe ich eine Runde über den Waldfriedhof gemacht, der nur einige Gehminuten entfernt ist. Ich habe auf den Grabsteinen viele bekannte Namen gelesen. Das Grab meines Vaters gab es nicht mehr.
Anschließend bin ich nach Wuppertal gefahren, um Herbert einen Besuch zu machen. Er wohnte nicht mehr in dem Haus, aber ich habe ihn im Telefonbuch ausfindig machen können. Herbert hatte sich völlig verändert. Die Gemeinde wurde schon vor langer Zeit aufgelöst. Er hat mit der ganzen Sache nichts mehr am Hut, meinte er.
Da er wegen der Sache von damals einen Eintrag ins Strafregister bekommen hatte, wollte ihn niemand mehr einstellen. Er hat sich mit einem Kollegen selbstständig gemacht, und betreibt eine Konditorei. Er ist verheiratet und hat zwei Kinder.
Ich bin noch am selben Tag nach Berlin zurück gefahren und war froh, wieder hier zu sein. Ich werde diese Orte auch nicht wieder aufsuchen, zu schrecklich sind die Erinnerungen.

Mein Manuskript

Im Sommer 2005, stellte ich mein Manuskript zum ersten mal der Öffentlichkeit vor. Bei einer meiner Lesungen war ein Journalist anwesend, der sich

dann später telefonisch bei mir meldete. Es dauerte nicht lange, bis mehrere Zeitungen und Magazine über mein Schicksal berichteten.
Kurze Zeit später kam auch das Fernsehen zu mir. Es wurden verschiedene Filmbeiträge gedreht und gesendet. Weitere Interviews folgten.

Am 11. Dezember 2006, war ich mit weiteren acht ehemaligen Heimkindern, vor dem Petitionsausschuss im Deutschen Bundestag in Berlin. Wir haben ausführlich darüber berichtet, wie wir gequält und Misshandelt wurden. Die Bundestagsmitglieder haben uns sehr aufmerksam zugehört, und waren fassungslos über das, was wir vorgetragen haben. Ihre Betroffenheit hat man ihnen deutlich angemerkt. Im Anschluss an die Anhörung, fand eine große Pressekonferenz statt. Das Echo in der Presse war überwältigend. Wir wollen alle darauf hoffen, dass bald bahnbrechende Entscheidungen der Politiker getroffen werden. Dass die Menschenwürde der vielen Opfer wieder hergestellt wird, und eine gerechte Entschädigung für all die vielen Grausamkeiten, die ehemaligen Heimkinder ertragen mussten, erreicht wird.

Für zwei große Wanderausstellungen die bald gezeigt werden, wurden Fotos und Tonaufnahmen von vielen ehemaligen Heimkindern gemacht. Die Ausstellungen befassen sich mit der damaligen Lebenssituation der Heimkinder, und wie sich ihr weiteres Leben entwickelt hat.

Als ich Anfang 2006 in den Verein ehemaliger Heimkinder e.V eingetreten bin, kam ich mit vielen ehemaligen Heimkindern ins Gespräch. Dass mein Schicksal kein Einzelfall ist, wurde mir in vielen Gesprächen deutlich. Es gab in der frühen Bundesrepublik eine Menge Heime der Sorte Süchteln.

Mit dem Filmteam im Heim

Im Herbst 2006 kam erneut das Fernsehen zu mir. Der Regisseur fragte mich ob ich bereit wäre, mit ihm einen Film in meinem ehemaligen Erziehungsheim in Süchteln zu drehen. Mir wurde ganz schlecht. Ich bat ihn um Bedenkzeit. Meine Freundin Ulrike redete mir gut zu, denn das sei eine gutes Stück Verarbeitung für mich. Mir war bei der ganzen Sache überhaupt nicht wohl, aber ich hatte ja Ulrike bei mir. Alleine hätte ich das nie geschafft. Ich merkte, wie tief die Traumata noch in mir stecken.
Während der fünfstündigen Fahrt mit dem ICE, hatte ich ein ganz merkwürdiges Gefühl im Bauch. Ich habe Ulrike einmal gefragt, ob sie auch die Rückfahrkarten bei sich hat, sie soll gut darauf aufpassen Ich war in einer völligen Ausnahmesituation, ich hatte richtige Angst vor diesem schrecklichen Ort.
Als wir aus dem Zug stiegen und ich den Namen Viersen auf dem Bahnsteig las, hatte ich das Gefühl als würde mir jemand die Eingeweide rausreißen.

Auf dem Bahnsteig wartete schon das Kamerateam auf uns. Dann sind wir an den Ort gefahren, wo ich als Kind so schrecklich gelitten hatte.
Als ich die ersten Häuser des Heimes sah, musste ich erst einen Moment stehen bleiben. Auf dem Heimgelände hatte ich das Gefühl, dass mir hier die Luft zum Atmen genommen wird. Ich musste jetzt tapfer sein, wollte mir meine Angst nicht anmerken lassen. Ich hatte vor einiger Zeit erfahren, dass das Heim kein Erziehungsheim mehr ist, sondern eine Klinik für geistig Behinderte.
Die jetzige Heimleiterin hatte die Zeitungsberichte über mich und das Heim gelesen, und war über unseren Besuch nicht gerade erfreut. Sie wirkte auf mich unsicher und verhalten. Sie wusste genau, dass ich nichts Gutes über dieses Stück Erde zu berichten hatte. Das Betreten der Gebäude wurde uns energisch untersagt. Auf dem Gelände war niemand zu sehen, aber man beobachtete uns heimlich. Wir haben deutlich gesehen, dass sich mehrfach die Gardinen bewegten
Da wir keines der Gebäude betreten durften, konnten wir alles nur von außen filmen.

Die Erinnerung kehrt zurück

Dann sah ich das Werkstattgebäude, indem ich damals gearbeitet hatte. Es war noch genau so wie früher. Es hatte sich gar nichts verändert. Als ich durch die Scheiben blickte, sah ich das schier Unfassbare.

Ich erkannte die Werkbank an der ich damals so lange gesessen hatte, sie stand immer noch da. Ich erzählte vor laufender Kamera, was ich dort alles machen musste. Es war für mich wie eine Schocksituation. An jeder Ecke sah ich vor meinem geistigen Auge einen Erzieher stehen. Auch die Geräusche der damaligen Maschinen habe ich wieder gehört. Wir mussten eine Drehpause einlegen, denn mir wurde plötzlich schwindelig und musste mich schnell auf den Boden setzen. Sei tapfer, gleich ist doch alles vorbei, meinte Ulrike. Ich musste auch sehr vorsichtig sein, denn ich hatte vor einiger Zeit einen Herzinfarkt erlitten.
Ein Teil der Stacheldrahtumzäunung war auch noch da. Die damals noch so kleinen Bäumchen an den Außenseiten des Geländes, sind inzwischen große Bäume geworden. In dem einstigen Küchengebäude ist jetzt die Verwaltung untergebracht. Das Haus in dem ich damals untergebracht war, wurde schon vor Jahren abgerissen. Ich bin auch froh gewesen, dass ich das unheilvolle Gebäude nicht mehr sehen musste. Ich habe erfahren, dass viele der damaligen Erzieher bereits verstorben sind. Mögen sie in der Hölle schmoren!
Nach drei Stunden Drehzeit war ich fix und fertig. Ich wollte nur noch ganz schnell weg von hier. Das Kamerateam war während der Drehzeit sehr einfühlsam, aber auch berührt über das, was ich zu berichten hatte. Dann fuhren sie uns wieder zum Bahnhof. Ich war heilfroh, als wir wieder im ICE nach Berlin saßen.

Als ich mir wenige Tage später den Film im Fernsehen angesehen habe, war ich über meine deprimierte und völlig gesenkte Stimmlage erschrocken. Es ist unglaublich, wie tief das alles noch im Kopf sitzt. Die vielen Traumata bleiben ein ganzen Leben lang an meiner Seite. Es ist nun schon 35 Jahre her, dass ich entlassen wurde. Als ich jetzt, nach so langer Zeit auf dem Heimgelände war, kam es mir vor, als wäre alles erst gestern gewesen. Die Erzieher haben ganze Arbeit geleistet.

Herzlichen Glückwunsch, mein lieb Vaterland.

Ulrike

Wie viele Eltern mit ihren Kindern in den fünfziger und sechziger Jahren umgingen, zeigt das folgende Beispiel.
Ulrike ist eine enge Freundin von mir, und ist wie ich, Jahrgang 1954. Sie wurde in einem kleinen Ort im Schwarzwald geboren, und hatte noch fünf Geschwister.
Der Vater war Arbeiter in einer Fabrik, die Mutter Hausfrau. Da der kleine Ort keine Schule hatte, musste Ulrike jeden Tag eine Stunde Fußweg hin und zurück laufen, da sie kein Fahrgeld von ihren Eltern bekam. Im Winter war das sehr beschwerlich, da der Schnee oft einen halben Meter hoch lag. Wenn sie nach der Schule nach Hause kam, wurde sie zur Nachbarin Frau R. geschickt. Dort musste sie Holz hacken, damit Frau R im

warmen sitzen konnte. Ulrike war noch klein, deshalb war die Arbeit für sie sehr anstrengend. Ulrikes Mutter schimpfte oft, du hast dein Milchgeld noch nicht bezahlt, damit meinte sie die Muttermilch.

Anschließend machte Ulrike ihre Schularbeiten und musste dann im Haushalt helfen. Ulrikes Mutter war sehr streng. Aus oft nichtigen Anlässen verprügelte der Vater Ulrike mit einem Teppichklopfer.

Eine andere Art der Bestrafung war das Einsperren in einen dunklen, kleinen Kellerverschlag. Oft verbrachte sie dort Stunden, manchmal sogar einen Tag.

Am Abend wurde sie früh ins Bett geschickt, denn sie musste früh aufstehen, damit sie rechtzeitig in die Schule kam. War sie dann wieder zu Hause, musste sie wieder für Frau R. arbeiten. Im Herbst musste Ulrike mit Frau R. in die umliegenden Wälder gehen, um Pilze, Beeren, Zapfen und Moos zu sammeln. Frau R. beteiligte sich nicht an der Arbeit, sie zeigte nur auf das, was sie gebrauchen konnte. Oft sind wir den ganzen Nachmittag im Wald gewesen, und am Abend musste ich noch meine Schularbeiten erledigen. Ich habe diese Frau gehasst, sagt Ulrike heute.

Wenn sie bei der Arbeit nicht so spurte wie Frau R. es verlangte, beschwerte sie sich bei Ulrikes Mutter. Der Lohn für ihre Arbeit war dann der Teppichklopfer, oder der Kochlöffel. Ulrike hat nie einen Pfennig für ihre Arbeit bekommen, obwohl

R. die Pilze und Beeren in der nahegelegenen Gastronomie zum Verkauf anbot.
War Frau R. mit allem versorgt, wurde Ulrike auf das Feld geschickt. Dort gab es immer etwas zu tun. Im Sommer musste sie bei der Heuernte helfen und anschließend das Feld neu bestellen. Im Herbst ging es zur Kartoffelernte, eine körperlich sehr schwere Arbeit.
Ulrikes Vater war der Herr im Haus und führte sich auch so auf. Er verlangte, dass das Essen am Sonntag pünktlich um zwölf Uhr, auf dem Tisch steht. Die gesamte Familie durfte erst mit dem Essen beginnen, wenn der Vater dazu die Erlaubnis erteilte. War der Vater mit dem Essen fertig, mussten alle anderen mit dem Essen aufhören, und das Besteck sofort niederlegen. Unter seinem Tyrannischen Verhalten, hat die Familie sehr leiden müssen.
Oft ist Ulrike nicht satt geworden. Dann hat sie heimlich im Keller am Gurkenfass genascht, oder heimlich eine Scheibe vom Brot abgeschnitten. Wenn sie dabei erwischt wurde, gab es mächtigen Ärger.
Da Ulrike stets die abgetragenen Sachen ihrer Geschwister tragen musste, wurde sie von ihren Mitschülern auf das übelste verspottet. Oft ging sie mit Angst in die Schule, denn sie hatte nur ein Paar Schuhe, die auch der Schuster nicht mehr reparieren wollte.
Das Schlimme in ihrer Jugendzeit war, dass Ulrike genau wie ich, nie eine Bezugsperson hatte, die eine

Vertrauensperson darstellte. Mit allen Nöten und Sorgen war sie allein.
Es war Ulrikes größter Wunsch, Köchin zu werden. Als sie noch zur Schule ging, arbeitete sie am Wochenende in einem Gasthof. Dort schuftete sie von neun bis vierzehn Uhr, für eine Mark Stundenlohn. Heute sagt sie, dass sie nur ausgenutzt wurde, aber ihren Mund halten musste.
Als die Schulzeit vorbei war, begann sie in diesem Gasthaus eine Lehre zur Köchin. Doch die Freude an der Arbeit, sollte Ulrike schon bald vergehen. Als sie unter Vertrag stand, zeigte der Inhaber sein wahres Gesicht. Obwohl sie im Ersten Lehrjahr war, musste sie oft dreizehn Stunden am Tag arbeiten. Die Verpflegung war wenig und schlecht. Das Essen das sie dort bekam, konnte man den Gästen nicht mehr anbieten. Ulrike wurden jedoch monatlich dreißig Mark abgezogen. Achtzig Mark verdiente sie im Monat. Für die restlichen fünfzig Mark, musste Ulrike noch eine Monatskarte kaufen. Sechs Tage in der Woche musste sie in der Küche arbeiten, an ihrem freien Tag ging sie in die Berufsschule.
Als sie an einem Samstag nach Feierabend das Haus verlassen wollte, wurde ihr der Ausgang verwehrt, denn sie hätte ihre Arbeit nicht ordentlich erledigt. Als Ulrike über die lange Arbeitszeit mit ihren Eltern sprach, glaubten sie ihr kein Wort. Lehrjahre sind keine Herrenjahre, hörte sie oft.
Als sich die Eltern bei Ulrikes Lehrherren erkundigten, stritt er die lange Arbeitszeit ab. Sie

hätte stets pünktlich Feierabend, würde sich wohl anschließend herumtreiben(!).
Als die Schwester von Ulrike zu Besuch kam, schilderte Ulrike ihr Problem. Mehrere Tage beobachtete die Schwester, wie lange Ulrike arbeiten musste. Auf dringendes Anraten ging Ulrike dann zur Industrie- und Handelskammer und zeigte den Lehrherren an.
Die IHK besorgte Ulrike sofort einen neuen Arbeitsplatz, hier fühlte sie sich wohl. Die Lehrzeit wurde angerechnet, sie verdiente im zweiten Lehrjahr 350 DM, und hatte in diesem Gasthaus ihr eigenes Zimmer. Ihren freien Tag machte ihr niemand streitig. Ihre Mahlzeiten konnte sie aus der Speisekarte aussuchen, und musste dafür nichts bezahlen. Hier beendete sie ihre Ausbildung zur Köchin mit der Note sehr Gut.
Wenig später verließ sie die Gegend, und zog nach Berlin.

Im Erziehungsheim

Man schob mich ab ins Erziehungsheim,
6 Jahre, stand auf dem Schein.
Auf Staatskosten würde ich hier leben
dafür könnte ich auch arbeiten,
und mich bewegen.
Den ganzen Tag, von früh bis spät
für 4 Pfennig die Stunde,
so wie es hier steht.
Prügel gab es fast jeden Tag,
so viel, und oft, wie der Erzieher mag.
Du bist kein Mensch,
du bist nichts wert,
du bist nur Dreck,
drum nahm man dich
aus der Gesellschaft weg.
Das du hier bist, hat seinen Grund,
jetzt geh an die Arbeit,
und halt deinen Mund.

Wie ein Tier, sperrten sie mich ein,
dabei wollt ich doch frei
– und geborgen sein.
Nun war ich hier, allein, verlassen,
alle schienen mich zu hassen,
niemand hat sich sehen lassen.
Weihnachten kam keine Post,
kein Besuch, und kein Paket,
jeder aus dem Weg mir geht.